Georg Kastenbauer

Gut- und Bösesein

22.4.2008

Für
Helmut

von

Georg

Bibliografische Information der Deutschen Nationalbibliothek

Die Deutsche Nationalbibliothek verzeichnet diese Publikation
in der Deutschen Nationalbibliografie; detaillierte
bibliografische Daten sind im Internet über
http://dnb.d-nb.de
abrufbar.

Originalausgabe
© 2008 Georg Kastenbauer, München
Umschlaggestaltung: Rocky Hartmann
Alle Rechte vorbehalten, insbesondere das der
Übersetzung, des Nachdrucks, des öffentlichen
Vortrags, der Rundfunksendung, der Fernsehausstrahlung, der Wiedergabe auf fotomechanischem
oder ähnlichem Wege sowie der Speicherung in
Datenverarbeitungsanlagen, auch einzelner Teile.
Herstellung und Verlag: Books on Demand GmbH, Norderstedt

ISBN 978-3-8370-1850-9

„Wie gesagt: denk nicht, sondern schau!"
Ludwig Wittgenstein

Der Autor: Georg Kastenbauer ist 1964 geboren. Er studierte Philosophie, Neuere Deutsche Literatur und Psychologie in München und Tübingen. Er veröffentlichte 1998 im Herbert Utz Verlag *Anwenden und Deuten. Kripkes Wittgensteininterpretation und die Goethezeit* sowie bei Books on Demand 2001 *Hinweise zum Glück* und 2003 *Die Kunst, offen „Nein" zu sagen*. Er lebt in München.
E-Mail-Adresse: kastenbauer@gmx.de

Inhalt

Einleitung		7
1. Teil: Das Gutsein		11
1.1	Der Begriff „Gutsein"	11
1.2	Kriterien für das Gutsein	20
1.3	Geschichtliche und soziokulturelle Voraussetzungen für das Gutsein	26
1.4	Generelles Gutsein im ganzen Leben	32
1.5	Zusammenfassung	38
2. Teil: Das Bösesein		45
2.1	Der Begriff „Bösesein"	45
2.2	Kriterien für das Bösesein (einschließlich der geschichtlichen und soziokulturellen Voraussetzungen)	47
2.3	Generelles Bösesein im ganzen Leben	60
2.4	Zusammenfassung	64
3. Teil: Konsequenzen für das tägliche Leben		66
3.1	Allgemeine Konsequenzen	66
3.2	Praktische Philosophie für den Alltag	75
Schluss		97
Anmerkungen		100
Bibliografie		113

Einleitung

Seit wir Menschen denken können, befassen wir uns mit der Frage nach dem Guten und dem Bösen. In allen Religionen sowie in der Philosophie und den Wissenschaften gibt es dazu die verschiedensten Erklärungen und Erläuterungen.

So wird im jüdisch-christlichen Kulturbereich das Böse einerseits mit dem so genannten Sündenfall erklärt, bei dem die ersten Menschen, Adam und Eva, vom Baum der Erkenntnis aßen.[1] Andererseits wird das gute Leben mit dem Befolgen der Zehn Gebote verknüpft, die Gott Moses am Berg Sinai offenbarte.[2]

In der antiken griechischen Philosophie befasste sich u. a. Platon in Dialogen wie „Das Gastmahl" oder „Der Staat" mit der Frage nach dem Guten und dem Bösen im Kleinen wie im Großen.[3] Für das gute Leben spielten dabei die vier Kardinaltugenden Klugheit, Gerechtigkeit, Tapferkeit und Maß eine große Rolle.[4] Grob gesagt gilt: Was in der jüdisch-christlichen Tradition die Zehn Gebote sind, sind in der philosophischen Tradition diese vier Kardinaltugenden.

Auch in den neuzeitlichen Wissenschaften gibt es allerlei Studien zu diesem Thema. Der vergleichende Verhaltensforscher Konrad Lorenz setzt sich damit in „Das sogenannte Böse"[5] aus biologischer Sicht auseinander. Er sieht dabei den Ursprung des Bösen in der Aggression bzw. „in dem auf den Artgenossen gerichteten Kampftrieb bei Mensch und Tier"[6]. Das Böse resultiert für ihn damit aus einem angeborenen Trieb, der biologischen Gesetzen unterliegt. Der Mensch ist demnach nur insofern frei in seinem Verhalten, als er auf dem Umweg der Einsicht in diese Gesetze Aufschlüsse über sein Verhalten erlangt, die er für sein Handeln nutzen kann.[7]

Einen anderen Ansatz verfolgt Erich Fromm in „Den Menschen verstehen. Psychoanalyse und Ethik"[8]. Er nähert sich dem Thema in humanistischer Tradition und erklärt es sozio-psychologisch. Für ihn ist das Böse Folge „gehemmter produktiver Energie"[9]. Der Mensch ist „nicht notwendig böse [...], sondern nur dann [...], wenn die für sein Wachstum und seine Entwicklung geeigneten Bedingungen fehlen. Das Böse existiert nicht unabhängig für sich; es ist das Nichtvorhandensein des Guten"[10].

Nicht übergangen werden darf, dass es naturwissenschaftliche Anschauungen gibt, die die Frage nach dem Guten oder Bösen für völlig irrelevant halten. Ein Begründer dieser Haltung ist B. F. Skinner. Danach ist der Mensch nichts anderes als eine biologische Maschine, die lediglich von außen eingespeiste Programme ausführt.[11] Allerdings wurde von verschiedener Seite, z. B. von Noam Chomsky, sehr gut dargelegt, dass diese Anschauung nicht haltbar ist.[12]

Es ist nun zwar interessant, diese Anschauungen und Theorien zu kennen; mein Buch „Gut- und Bösesein" berührt diese Darstellungen allerdings nur teilweise. Denn es ist nicht Aufgabe dieses Buchs, Wissen zu vermitteln, um einen Überblick über die bisherigen Anschauungen zu diesem Thema zu geben.[13] Vielmehr soll dieses Werk, Sie dazu anregen, sich selbst zu fragen, wann Sie gut bzw. böse sind, damit Sie daraus Konsequenzen ziehen können. Kurz: Es geht hier um das Gut- und Bösesein, wie es sich für uns alle im täglichen Leben ergibt. Die hier beschriebenen Anschauungen sollen darum immer unter diesem Gesichtspunkt gelesen werden.

Im ersten Teil wird zu diesem Zweck gefragt: Wann sind wir in unserem alltäglichen Tun gut? Welche Kriterien gibt es dafür? Warum halten viele z. B. Menschen wie Mahatma Gandhi oder Nelson Mandela für gut? Von welchen Voraussetzungen hängt das ab? Haben diese Voraussetzungen mit den Zeitumständen und kulturellen Traditionen zu tun? Herrschten darum im Mittelalter andere Kriterien für das Gutsein als heute? Analoges gilt für das Gutsein in verschiedenen Kulturen: Gibt es hier Unterschiede zwischen der Einschätzung eines guten Menschen im christlichen oder islamischen Kulturkreis? Oder eine andere wichtige Frage: Ist es so, dass wir unser Leben im Ganzen gut führen können, oder gelingt das nur in einzelnen Situationen?

Im zweiten Teil wird die Frage von der anderen Seite gestellt: Wann sind wir böse? Welche Kriterien gibt es dafür? Können lediglich Menschen böse sein? Oder gilt dies für Lebewesen allgemein? Woran erkennt man einen bösen Menschen? Was macht einen Menschen wie Eichmann, einen der Hauptverantwortlichen für den Holocaust im Dritten Reich, zu einem bösen Menschen?

Auch hier wird wiederum gefragt, ob Bösesein mit den Zeitumständen und kulturellen Voraussetzungen zu tun hat, und auch, ob jemand nur in Einzelsituationen oder in seinem gesamten Leben böse sein kann.

Aber es wird auch weiter gefragt, um herauszubekommen, ob Nicht-Gutsein automatisch Bösesein ist oder ob es etwas dazwischen gibt. Denn gerade diese Frage ist wichtig, um unser tägliches Handeln einschätzen zu können.

Im dritten Teil wird schließlich versucht, aus der bisherigen Erörterung Konsequenzen für das tägliche Leben zu ziehen. Dabei werden einerseits allgemein Ansatzpunkte in den großen Weltreligionen und philosophischen Anschauungen beschrieben, die auf den Bezug zum alltäglichen Leben Wert legen. Andererseits wird hier konkret gezeigt, wie die schon genannten vier Kardinaltugenden (Klugheit, Gerechtigkeit, Tapferkeit und Maß) eine Orientierung für die Praxis geben. Um dies zu veranschaulichen, wird zu jeder dieser vier Tugenden eine kleine Geschichte erzählt, die den Alltagsbezug erhellt.

Damit hoffe ich Ihnen, liebe Leserin, lieber Leser, eine Anregung geben zu können, die Sie in Ihrem Leben auf Ihre persönliche Art und Weise umsetzen können.

1. Teil: Das Gutsein

1.1 Der Begriff „Gutsein"

Wer sich die Frage „Was heißt *Gutsein*?" stellt, dem fällt sehr schnell auf, dass sie nicht leicht zu beantworten ist. Schlägt man nämlich das Wort „gut" im Bedeutungswörterbuch der Dudenredaktion nach, findet man dazu sieben Bedeutungen, die für den derzeitigen Sprachgebrauch belegt sind:

1. hervorragend, vortrefflich,
2. edel, gütig
3. angenehm, erfreulich,
4. freundschaftlich zugetan,
5. feierlich,
6. mindestens,
7. mühelos.[14]

Diese Bedeutungen sind dabei so unterschiedlich, dass sich kein gemeinsamer Nenner für alle finden lässt. Kurz: In der Alltagssprache wird dieser Begriff so verschieden verwendet, dass man keine Definition finden kann, die alle diese Bedeutungen umfasst. Denn gut im Sinne von „mindestens" und gut im Sinne von „feierlich" sind in ihrem Bedeutungsgehalt sehr weit voneinander entfernt. Da es in diesem Buch um ein bestimmtes Gutsein geht, sind nicht alle Bedeutungen von „gut" darin enthalten, sondern nur die ersten beiden.

Es geht hier einerseits um den Bedeutungsaspekt „hervorragend, vortrefflich" im Sinne von: gewisse Fähigkeiten haben und umsetzen. Andererseits beinhaltet „Gutsein" den Bedeutungsaspekt „edel, gütig" und damit die moralische Bedeutung von „gut". Der eine Aspekt meint etwa einen hervorragenden Sportler oder Künstler, der etwas in besonderem Maße kann. Der andere Aspekt betrifft den Umstand, dass Gutsein mit absichtslosem Handeln zusammenhängt. Denn so wird in diesem Buch die moralische Bedeutung von „gut" enger gefasst. Beide Aspekte bilden dabei eine Einheit, die nicht getrennt werden darf. Das bedeutet einerseits: Der moralische Aspekt hat immer etwas mit einer Fähigkeit zu tun. Aber andererseits gilt auch: Jede Fähigkeit, die absichtslos ausgeführt wird, ist gut.

Diese Ansicht ist wahrscheinlich zunächst überraschend. Es erscheint sowohl ungewöhnlich, den Vortrefflichkeitsaspekt mit dem moralischen Aspekt zu verknüpfen, als auch, moralisches Gutsein mit Absichtslosigkeit zu identifizieren.

Allerdings steckt gerade diese Ansicht in dem bekannten Merksatz: *Gut ist das Gegenteil von gut gemeint*. Denn hier wird deutlich, dass nicht derjenige gut ist, der meint, er könne etwas gut, sondern nur derjenige, der tatsächlich die Fähigkeiten dazu hat und diese umsetzt. Normalerweise interpretiert man diesen Sachverhalt zwar dahingehend, dass nicht die Absichten, sondern lediglich die Fähigkeiten und deren Umsetzung zählen. Ich radikalisiere das noch: Nur wer absichtslos seine herausragenden Fähigkeiten in die Tat umsetzt, handelt tatsächlich gut. Das bezieht sich auf jede Fähigkeit und deren Umsetzung. Sie ist immer dann gut, wenn sie in Absichtslosigkeit erfolgt. Es ist dabei egal, ob es sich dabei um eine Fähigkeit im Sport, in der Kunst, im Alltag oder im herkömmlichen moralischen Kontext handelt. Immer zählt die Absichtslosigkeit.

Aber nicht nur die! Es geht auch immer um die konkrete Umsetzung einer Fähigkeit in einer bestimmten Situation. Nur wer diese verwirklichen kann, handelt gut, und nicht derjenige, der normalerweise etwas gut kann, es aber in einer bestimmten Situation nicht verwirklicht: z. B. ein Bundesliga-Fußballtorwart, der plötzlich einen leicht geschossenen Ball nicht halten kann.

Dies gilt genauso im moralischen Kontext. Nur tun wir uns hier oft schwer, zu beurteilen, wer tatsächlich gut ist und wer nicht. Hier gehen die Meinungen oft sehr weit auseinander. Es gibt zwar Menschen wie Mutter Theresa, Mahatma Gandhi oder Nelson Mandela, die von vielen Leuten als gut bezeichnet werden. Aber sicherlich ist hier die Zuordnung nicht so eindeutig wie bei einem ungedopten Hundertmeterläufer, dessen Leistung gut messbar ist. So geht es in diesem Buch gerade darum, genauer zu beleuchten, wie man im moralischen Kontext das Gutsein erkennt und was es hier heißt, herausragende Fähigkeiten absichtslos in die Tat umzusetzen.

Aber davor gilt es erst einmal zu erläutern, was überhaupt „absichtsloses Handeln" ist. Denn im Gegensatz zum ersten Teilbereich des Gutseins, der darin besteht, eine herausragende Fähigkeit in die Tat umzusetzen, gibt es zur Absichtslosigkeit noch Klärungsbedarf. Dabei hängen beide Aspekte – wie betont – untrennbar zusammen.

Man kann dies sehr anschaulich bei der Fähigkeit des Klavierspielens erklären. Stellen Sie sich einen blutigen Anfänger vor, der bis jetzt vom Klavierspielen oder irgendeinem anderen Instrument und auch vom Notenlesen keine Ahnung hat. Stellen Sie sich weiter vor, dass diesem Anfänger ein Lehrer zuerst das Notenlesen beibringt und dann, wie er die Finger auf den Tasten halten und bewegen muss, um ein bestimmtes Stück spielen zu können. Es dürfte klar sein, dass dieser Anfänger damit aus dem Stegreif noch nicht so gut Klavier spielen kann, dass tatsächlich Musik herauskommt. Vielmehr muss er erst viel üben, um die praktischen Fähigkeiten dafür zu erlernen. Das tägliche Üben ist zwar absichtsvoll, aber dass wirklich

Musik herauskommt, geschieht absichtslos. Das heißt nicht, dass er passiv ist, im Gegenteil: Er muss sogar sehr aktiv und konzentriert am Werke sein. Aber er gibt an die Finger keine bewussten Befehle, dass diese jetzt das und das gut spielen sollen, sondern das passiert intuitiv. Mit anderen Worten: Gedanken beim Spielen wie „Das muss ich jetzt so und so spielen" stören nur. Es ist am besten, überhaupt nicht zu denken, sondern nur zu spielen. Das genau ist Absichtslosigkeit. Und je besser dies gelingt, umso bessere Musik entsteht. Je weniger man versucht, mit Gedanken den Akt des Tuns zu kontrollieren und gut zu sein, desto wohlklingender ist die Musik. Dabei ist es egal, ob die zu spielenden Passagen technisch einfach oder kompliziert sind.

Sie könnten jetzt einwenden, dass dieser Prozess – wenn auch ohne Gedanken – trotzdem absichtsvoll passiert und einen willentlichen Vorgang darstellt, der nur wegen der Schnelle des Prozesses nicht bewusst ablaufen kann.

Darauf ist zu entgegnen, dass willentlich lediglich ein mehr oder weniger mechanisches Abspielen herauskommen würde, aber nicht Musik. Lesen Sie dazu eine Passage aus C. J. Becks „Zen im Alltag":

„Vor vielen Jahren studierte ich [Beck; G. K.] im Oberlin-Konservatorium als Hauptfach Klavier. Ich war eine sehr gute Studentin, nicht hervorragend, aber sehr gut. Und ich wünschte mir sehr, bei einem bestimmten Lehrer studieren zu können, der zweifelsohne der beste dort war. Aus gewöhnlichen Studenten wurden bei ihm wunderbare Pianisten. Endlich bekam ich die Chance, bei genau diesem Lehrer zu studieren.

Als ich in die erste Stunde kam, sah ich, daß er mit zwei Klavieren unterrichtete. Er sagte nicht einmal guten Tag. Er setzte sich einfach an sein Klavier und spielte fünf Noten und sagte dann zu mir: ‚Tun Sie dasselbe.' Ich sollte einfach das spielen, was er gespielt hatte. Ich spielte es – und er sagte: ‚Nein.' Wieder spielte er dieselben Noten, und ich wiederholte sie. Wieder sagte er: ‚Nein.' Das ging eine Stunde lang so. Und jedesmal sagte er: ‚Nein.'

In den nächsten drei Monaten spielte ich drei Takte Musik, die vielleicht eine halbe Minute dauerten. Ich hatte natürlich gedacht, ich sei gar nicht so schlecht. Immerhin war ich schon als Solistin mit kleinen Symphonieorchestern aufgetreten. Trotzdem ging das drei Monate so, und ich weinte fast die ganze Zeit. Er hatte alles, was ein guter Lehrer braucht, unglaubliche Intensität und Entschlossenheit, den Schüler zum Erkennen zu bringen. Deshalb war er so gut. Und nach diesen drei Monaten sagte er eines Tages: ‚Gut.' Was war geschehen? Ich hatte endlich gelernt, zuzuhören. Und wie er sagte: Wenn man zuhören kann, kann man auch spielen."[15]

Damit ist die Absichtslosigkeit von der anderen Seite erklärt, nicht vom Spielen, sondern vom Zuhören. Denn erst wenn man zuhören kann, ist es am Klavier möglich, gute Musik zu produzieren. Erst dann kommt man vom gut gemeinten Zustand, den Beck mit „Ich hatte natürlich gedacht, ich sei gar nicht so schlecht" ausdrückt, zum tatsächlich „guten" Zustand. Und das ist auf jede Fähigkeit bzw. Tätigkeit zu übertragen. Überall ist die dem Kontext gemäße Ausbildung der Wahrnehmung gefragt, um etwas gut zu machen. Denn bei der so verstandenen Wahrnehmung denkt man nicht mehr nach, sondern ist eins mit dem Tun.[16] Was beim Musizieren speziell das Zuhören ist, ist in der bildenden Kunst das Sehen. Bei der Schauspielerei sind mehrere Wahrnehmungsarten zu kombinieren.

Aber dieser Sachverhalt ist natürlich nicht nur auf die Künste beschränkt. Auch für das Maurer- oder Schreinerhandwerk oder für die Arbeit des Programmierers gilt es, die jeweiligen Wahrnehmungsarten auszubilden. Und nicht nur das: Selbst beim Putzen, Waschen oder, sogar noch banaler, beim Gehen oder Sprechen trifft dies zu. Überall zählt das jeweilige Wahrnehmen und nicht das Urteilen. Und selbiges gilt auch für den moralischen Kontext, wenn z. B. jemand in einer schwierigen Lage einen Rat benötigt.

Darüber hinaus zeigt sich hier auch, wie eng Rezipieren und Produzieren, Wahrnehmen und Handeln zusammenhängen. Im Idealfall geht eines in das andere über bzw. das eine ist vom anderen paradoxerweise gar nicht zu unterscheiden.

In jedem Fall gilt: Überall sind wir erst dann tatsächlich gut, wenn wir über den „gut gemeinten Zustand" hinauskommen und tatsächlich wahrnehmen können, statt Gedanken dabei zu haben und zu urteilen, um darauf unser Tun aufzubauen. Wenn ich nämlich in dieser Hinsicht wahrnehmen kann, bilde ich mir nicht ein, in meinem Tun gut zu sein, falls ich es noch nicht bin. Das geschieht nur, wenn ich statt wahrzunehmen urteile und es nur „gut meine". Der Weg, die jeweilige nötige Wahrnehmung zu lernen, ist nicht leicht. Dieser Weg ist von Rückschlägen und Niederlagen begleitet. Und diese betreffen stets unsere Urteile über uns selbst.[17] Es ist darum normal, diesen schweren Weg nur sehr langsam oder vielleicht im Endeffekt überhaupt nicht bis zum Ende zu schaffen. Es herrscht darüber hinaus kein Zwang dazu. Es gibt nicht viele, die auch nur in einem Bereich tatsächlich gut sind.

Man sollte im Falle des Nicht-Gutseins nur ehrlich genug sein, dies auch einzugestehen. Das hat sogar auf einer anderen Ebene genauso mit Gutsein zu tun. Denn auch so enthält man sich des Urteils, ist absichtslos und nimmt wahr, und zwar in Form einer Metafähigkeit bzw. Metatätigkeit, die man als praktische Philosophie bezeichnen könnte. In diesem Fall nähme man Philosophie, die „Liebe zur Weisheit", tatsächlich ernst, da man sich nicht besser fühlt, als man wirklich ist. Und genau damit würde man auch das berühmte „Erkenne Dich selbst", den Leitspruch des antiken delphischen Orakels, beherzigen.[18]

Dabei ist das Wahrnehmen, das hier gemeint ist, nicht mit einer naiven „Bauchphilosophie" zu verwechseln. Vielmehr ist Wahrnehmen durchaus eine Art von „Erkennen". Wahrnehmen in diesem Sinne hat nichts mit einer Geistfeindlichkeit zu tun, bei der nur die Erfahrung zählt bzw. das, was „der Bauch sagt". Allerdings ist dieses Erkennen keine theoretische Technik, sondern eine praktische Fähigkeit, die sich intuitiv zeigt. Diese Fähigkeit muss geübt und dadurch immer weiter ausgebildet werden. Dabei kann eine differenzierte Theorie durchaus helfen. Sie kann eine Art Hilfestellung für die Wahrnehmung sein und brauchbare Hinweise geben. Allerdings darf sie nicht mit dem Prozess des Erkennens bzw. des Wahrnehmens verwechselt werden. Dieser Prozess läuft, wie für das Klavierspielen beschrieben, intuitiv ab. Denn nicht der kann gut Klavier spielen und wahrnehmen, der beschreiben kann, was man dabei im Einzelnen macht, sondern nur derjenige, der das tatsächlich ausführt. Sehen Sie darum mein Buch auch nur als eine Hilfestellung bzw. als Hinweis an.[19]

Wichtig ist es in jedem Fall zu realisieren, dass der Prozess des Erkennens absichtslos verläuft. Dass neben der Fähigkeit – egal in welchem Gebiet – stets Absichtslosigkeit zum guten Handeln gehört. Ansonsten hat es nichts mit Gutsein zu tun. Ein Aspekt allein ist beim Gutsein zu wenig. Dabei darf diese Absichtslosigkeit nicht mit Selbstlosigkeit gleichgesetzt werden. Letzteres ist in unserer westlichen Gesellschaft missverständlicherweise ein anerkanntes Kennzeichen für das Gutsein im moralischen Sinn. Vielmehr heißt „absichtslos" überhaupt keinen Zweck zu verfolgen, auch nicht den der Selbstlosigkeit. Im Idealfall befindet man sich dabei in einem Zustand der Leere, in dem man durch sein Wahrnehmen intuitiv und spontan auf das eingeht, was die Situation gerade fordert. Das beinhaltet vor allem, dass man sich im „Hier und Jetzt" befindet und nirgendwo sonst. Man schweift also mit seinen Gedanken nicht ab, sondern ist genau da, wo man gerade ist. Dafür muss man die Situation aber erst einmal akzeptieren. Gerade das zeigt das zitierte Beispiel von Beck sehr gut. Man darf sich nicht überschätzen und sollte überhaupt kein Urteil über sich sowie über die Situation fällen. Vielmehr sollte man sich nur der Situation inne sein und wahrnehmen, was gerade gefordert ist.

Auch wenn das im ersten Augenblick unmöglich erscheinen mag, so zu sein, so war und ist jeder von uns in gewissen Situationen immer wieder in solchen Zuständen. Am augenfälligsten wird das bei heiklen Situationen, in denen alles sehr schnell geht und man gar keine Zeit mehr hat zu überlegen. So denkt man im Straßenverkehr nicht „Bin ich jetzt gut?", sondern tut einfach sein möglichstes. Dadurch erweist es sich, in welchem Grad man gut ist.

Analoges gilt für das moralisch gute Handeln. Nicht derjenige, der sich denkt, wie gut er gerade ist, ist gut, sondern derjenige, der es ohne zu denken macht, für den es ganz normal ist, so zu handeln. Letzterer würde, auf sein Verhalten angesprochen, gar nicht auf die Idee kommen, zu meinen, er habe jetzt besonders gut gehandelt. Er hielte das höchstens für ein Tun, das der Situation gemäß sei. Denn er sieht sich nur immer als Teil und nicht als Mittelpunkt einer Situation.

Damit ist auch klar, dass das „Dich" in „Erkenne Dich selbst" keine egozentrische Bedeutung hat, sondern dass es immer in Bezug zur gesamten Umwelt gesehen werden muss, und zwar genauer als ein nicht zu trennender Teil davon. Nur wenn wir so handeln, handeln wir gut, und nicht, wenn wir diese Verbindung verloren haben.

1.2 Kriterien für das Gutsein

Um das „Absichtslose" und die Fähigkeit zum Gutsein näher zu erläutern, gilt es nun, die Kriterien dafür zu klären. Konkret heißt das: Worauf ist es zurückzuführen, dass viele in unserem Kulturkreis Menschen wie Mutter Theresa, Mahatma Gandhi oder Nelson Mandela für gut halten? Gibt es dafür nur subjektive oder sogar objektive Kriterien?

Dass Mahatma Gandhi und Nelson Mandela sehr lange im Gefängnis waren und ersterer sogar ermordet wurde, würde vermuten lassen, dass es nur subjektive Kriterien dafür gibt. Aber ist das tatsächlich so?

Wenden wir uns der Philosophie zu, in deren Geschichte es viele Versuche gibt, objektive Kriterien für das Gutsein zu finden und diese von subjektiven Kriterien zu unterscheiden. Dabei kann man im Groben zwei Richtungen finden. In der ersten Richtung wird versucht, das Gute inhaltlich zu definieren und den guten Menschen mit seinen vielen Eigenschaften von den bösen Menschen zu unterscheiden. So ging Aristoteles in der Tugendlehre seiner „Nikomachischen Ethik"[20] vor.

Kant dagegen begründete die andere Richtung. Für ihn ist das Gute nicht etwas, das inhaltlich fest umrissen werden kann, sondern etwas, das der Mensch nur in einem freien und formalen Akt des Willens schaffen kann. Kants Gründe für diese Auffassung sind: Nur so kann das Gute als etwas Unbedingtes und Unhintergehbares definiert werden und nicht lediglich als etwas Bedingtes, das wiederum von anderen Sachverhalten abhängig ist. Das ist der Schwachpunkt bei inhaltlichen Bestimmungen. Dafür findet man erkenntnistheoretisch nie eine definitiv letzte Ursache, sondern kann theoretisch immer weiter gehen. Mit anderen Worten: Es kann immer eine Ursache hinter derjenigen geben, die man gerade annimmt. Viele gläubige Menschen behelfen sich deshalb damit, Gott als letztendliche Ursache für alles, auch für das Gute, anzunehmen. Das war für Kant aber unbefriedigend, da es seinem wissenschaftlichen Ethos zuwiderlief, von etwas Äußerem abhängig zu sein. Darum erfand er den kategorischen Imperativ, der lautet: „Handle so, daß die Maxime deines Willens jederzeit zugleich als Prinzip einer allgemeinen Gesetzgebung gelten könne."[21] Dieser kategorische Imperativ ist nur formal begründbar. Das bedeutet, dass man letztlich nie inhaltlich wissen kann, dass man tatsächlich gut handelt. Kant zieht einfach den Schluss: Wenn jemand aus seinem Handeln ein Gesetz machen kann, das für alle gilt, dann muss das folglich auch gut sein.

Führt man sich nun diktatorische Staaten vor Augen, bei denen aufgrund von offensichtlich verbrecherischen Grundsätzen Gesetze erlassen werden, sieht man, dass das Gute nicht allein auf einen formalen Grund gestellt werden kann. Solchen Staaten wollte Kant mit seiner Philosophie jedoch keine Begründung für ihr Tun liefern. Darum schreibt er auch, man dürfe andere Menschen nie als Mittel zum Zweck benutzen. Denn andere Menschen sind genauso Zweck wie man selbst.[22]

Damit scheint dem Missbrauch von Menschen durch andere zumindest auf argumentativer Ebene eine deutliche Grenze gesetzt zu sein. Der Haken dabei ist: Auch diese Annahme kann für Kant wiederum nur formal begründet werden. Daraus folgt: Was die Begriffe „Mittel" und „Zweck" genau bedeuten, darf nicht inhaltlich bestimmt werden. Diese Begriffe sind darum letztendlich Leerformeln, die mit allem und nichts gefüllt werden können. Dadurch gerät Kant im Endeffekt in Begründungsnot, das Gute tatsächlich objektiv zu erklären.[23]

Das Gute ist auch grundsätzlich nicht objektiv zu erklären, da Gutsein mit gewissen Fähigkeiten und Absichtslosigkeit verbunden ist. Beides kann man nur durch Übung ausbilden und praktisch ausführen, aber nicht theoretisch beurteilen. Es gibt dafür keinen eindeutigen Maßstab. So ist es nicht verwunderlich, dass nicht alle Nelson Mandela oder Mahatma Gandhi für gut halten.

Heißt das jedoch, dass jeder nur nach subjektiven Gründen entscheidet, welche Menschen und Handlungen er für moralisch gut oder schlecht hält?

Die Antwort darauf ist: Oberflächlich gesehen: Ja! Allerdings spielen dabei die kulturellen Traditionen und Zeitumstände eine große Rolle, in denen der jeweils urteilende Mensch integriert ist. Damit beschäftigt sich das nächste Kapitel ausführlich. Hier gilt es stattdessen daran zu erinnern, dass Gutsein nichts mit Urteilen zu tun hat. Denn wer urteilt, nimmt nicht wahr und handelt demnach absichtsvoll und nicht gut.

Daraus folgt: Absichtsloses Gutsein hat weder mit subjektiven noch mit objektiven Kriterien zu tun, weil es grundsätzlich nicht beurteilt, sondern nur wahrgenommen werden kann. Man unterliegt demnach einem Irrtum, wenn man meint, Gutsein nach objektiven oder subjektiven Kriterien beurteilen zu können.

Aber was gibt es denn für Alternativen, wenn dieses absichtslose Gute weder objektiv und noch subjektiv beurteilbar ist, weil es grundsätzlich nicht beurteilbar ist? Wie kann man das Gute dann wahrnehmen? Wie soll das vor sich gehen? Kann Gutsein dann tatsächlich geübt und gelebt werden? Mit anderen Worten: Ist Gutsein so nicht vollkommen widersinnig?

Die Antwort darauf ist wieder *Ja* und *Nein*, und zwar *Ja* in Bezug darauf, dass es in dem Sinne widersinnig ist, weil man davon kein genaues sprachliches Abbild geben kann.

Nein, in dem Sinne des Zitats von Beck zum Zuhörenlernen beim Klavierspielen, dass es trotzdem lebbar ist. Denn das Entscheidende dabei ist im Endeffekt nicht erklärbar. Dafür kann man nur Hinweise geben. Andernfalls würde man nämlich immer in die Falle des Urteilens bzw. Gutmeinens geraten.

Das ist nicht leicht zu akzeptieren, weil so immer eine Widersinnigkeit enthalten bleibt. Aber diese Widersinnigkeit hat damit zu tun, dass wir meist den grundsätzlichen Irrtum begehen, unsere Wirklichkeit auf eine eindeutig anwesende Wahrheit zu reduzieren. Denn nur diese lässt sich widerspruchsfrei erklären. Wie aber Edmund Husserl in seiner von ihm begründeten Phänomenologie deutlich machte, ist unsere Wirklichkeit immer zugleich an- und abwesend bzw. eindeutig und uneindeutig. So nehmen wir visuell stets nur Teile einer Situation wahr, in der wir uns gerade befinden, wie die *Vorderseite* eines Tisches oder die *Seitenansicht* eines Stuhls, und schließen automatisch auf das Ganze. Kurz: Unsere normale Wahrnehmung ist perspektivisch. Wir können zu einem bestimmten Zeitpunkt nie mit einem Blick einen *ganzen* Stuhl, einen *ganzen* Tisch und damit eine *ganze* Situation ansehen. Uns ist im *Hier und Jetzt* je nach Blickwinkel nur vergönnt, eine Teilsicht zu haben. Natürlich können wir unsere Blickwinkel wechseln und zu einem späteren Zeitpunkt die Rückseiten auch wahrnehmen. Aber selbst dann ist uns wieder nur eine Teilsicht zu einem bestimmten Zeitpunkt gegeben. Im Normalfall spielt uns bei einer Teilsicht der automatische Schluss auf das Ganze keinen Streich, und wir können uns mit Erfolg in unserer Wirklichkeit bewegen. Das Erkennen des Ganzen bewährt sich also scheinbar, obwohl wir im *Hier und Jetzt* immer nur eine Teilwahrnehmung besitzen. So folgerte Husserl und kam letztendlich doch wieder auf eine eindeutige Wahrheit, die so genannte *eidetische Wahrheit*.[24] Allerdings mogelte er sich damit am Grundwiderspruch vorbei, der in dieser scheinbar eindeutigen Wahrheit enthalten ist. Denn es bleibt, dass wir zu einem bestimmten Zeitpunkt immer nur eine Teilsicht haben und nie die Sicherheit für eine eindeutige Wahrheit besitzen, die die gesamte Wahrheit abdeckt.

Im Laufe des 20. Jahrhunderts wurde dieser Widerspruch durch die Quantenphysik[25] oder die Chaostheorie[26] in den Wissenschaften oder durch das Wirken von Husserls Schüler Martin Heidegger[27] in der Philosophie immer ernster genommen und als Bestandteil des jeweiligen Systems betrachtet. Sogar in der Mathematik, der exaktesten aller Wissenschaften, wurde die Annahme aufgegeben, dass die eindeutige Wahrheit die gesamte Wahrheit abdeckt. Dabei spielt selbst der Zeitfaktor keine Rolle mehr. So wurde 1931 von Kurt Gödel der so genannte Unvollständigkeitssatz formuliert, der besagt, dass „Beweisbarkeit ein schwächerer Begriff ist als Wahrheit"[28]. Das heißt, dass in jedem vollständigen System Aussagen formuliert werden können, die unentscheidbar bzw. uneindeutig sind. Denn diese Aussagen können innerhalb dieses Systems nicht mehr geklärt und auf eine eindeutige Wahrheit reduziert werden. Das gilt z. B. für das System der ganzen Zahlen.[29]

Um diesen kleinen Exkurs für mein Thema nutzbar zu machen, gilt es zu beachten: Urteilendes und damit „gut gemeintes" Handeln ist in unserem alltäglichen Leben der Versuch, die Wirklichkeit auf eine eindeutige Wahrheit zu reduzieren und den anderen Teil, den zugleich uneindeutigen, zu ignorieren. Der Grund dafür ist: Nur Eindeutiges lässt sich kontrollieren. Das zugleich Uneindeutige lässt sich nicht kontrollieren, sondern höchstens akzeptieren. Aber das Gutsein benötigt die Berücksichtung der beiden Teile der Wahrheit, der eindeutigen und der uneindeutigen.

Absichtslosigkeit trägt dem Rechnung. Allerdings ist Absichtslosigkeit deswegen nicht kontrollierbar. Man kann sie nur entstehen lassen. Es geht nicht, zu sagen: Jetzt handle ich absichtslos. Genauso wie ein Anfänger am Klavier nicht einfach davon ausgehen kann: Ich kann jetzt Klavier spielen. Er benötigt dafür nicht nur viel Übung. Vielmehr ist es so: Selbst wenn er sehr viel geübt hat und zu einem Weltklasse-Pianisten aufgestiegen ist, heißt das nicht, dass er immer gut spielt. Das entscheidet sich stets im *Hier und Jetzt*. Dort zeigt sich, ob er absichtslos ist oder nicht, und zwar indem er sowohl das Eindeutige als auch das Uneindeutige berücksichtigt. Darum kann auch niemand im Vorhinein sagen, dass er gut handelt. Das ergibt sich jeweils, und es gibt keine Garantie dafür. Daraus folgt: Obwohl es keine beurteilbaren Kriterien für das Gutsein gibt, ist es sehr wohl lebbar. Wie die Analogie zum Klavierspielen zeigt, benötigt man dazu auch Fähigkeiten, die man üben kann. Aber keine Übung gibt eine Sicherheit dafür, dass man etwas stets gut kann. Dies bringt das Leben in jeder Situation aufs Neue an den Tag, indem jemand mit seinen Fähigkeiten Eindeutiges und Uneindeutiges zugleich berücksichtigt und damit in Absichtslosigkeit gut handelt. Dies lässt sich sehr wohl wahrnehmen, allerdings weder nach objektiven noch nach subjektiven Kriterien beurteilen.

1.3 Geschichtliche und soziokulturelle Voraussetzungen für das Gutsein

Kulturelle Traditionen und Zeitumstände spielen für ein Urteil vom Gutsein eine große Rolle. Sie formen bestimmte Kulturgemeinschaften[30] und bilden somit einen intersubjektiven Rahmen, in dem Menschen ähnliche Wertvorstellungen haben. Denn jeder ist von den geschichtlichen und sozioökonomischen Voraussetzungen seiner Kultur geprägt. Wir alle wachsen in einer irgendwie gearteten Gemeinschaft an einem bestimmten Ort und zu einer bestimmten Zeit auf und sind dadurch stark beeinflusst. So ist es ein großer Unterschied, ob man in einen indonesischen Eingeborenenstamm hineingeboren wird oder in Berlin Kreuzberg lebt, auch wenn das beide Male im Jahre 2007 ist. Darüber hinaus gibt es viele sozioökonomische Unterschiede innerhalb einer Kultur. Es hat weitreichende Konsequenzen, ob man reiche Akademiker oder arme Hauptschulabbrecher zu Eltern hat. Hinzu kommen die Zeitunterschiede: So wuchsen die Leute im karolingischen Mittelalter in Aachen anders auf als heute in derselben Stadt. Alle diese Voraussetzungen präg(t)en das Urteilsvermögen der Menschen und damit auch, was sie für gut hielten und halten.

Um ein konkreteres Beispiel zu nennen: Es ist in der Bundesrepublik Deutschland nach dem 2. Weltkrieg und den damit verbundenen Erfahrungen in großen Teilen der Bevölkerung ein anderes Verständnis für das *Kriegführen* entstanden. So ist es seither tabuisiert, einen Angriffskrieg für gut zu halten. Vorher – und das gilt nicht nur für die Nazi-Ideologie – war das ganz und gar nicht so. Da waren imperiale Vorstellungen noch sehr verbreitet, und es wurde in großen Teilen der Bevölkerung für gut befunden, durch Angriffskriege das Staatsgebiet zu vergrößern.

Aber man könnte dagegen halten: Dies alles gilt nur für Urteile, also für absichtsvolles Tun! Wie sieht es jedoch für das Wahrnehmen, das absichtslose Handeln und damit das Gutsein aus? Ist dies nicht überzeitlich und kulturunabhängig? Ist das absichtslose Gute nicht überall gleich?

Die Antwort darauf ist wieder *Ja* und *Nein*.

Einerseits gilt: Jeder hat seine Fähigkeiten für das Gutsein in einer bestimmten Zeit und Kultur erlernt und wendet sie stets in einer konkreten Situation im *Hier und Jetzt* an. In dieser Hinsicht ist jedes Handeln eng mit der jeweiligen Zeit und Kultur verknüpft und in keiner Weise überzeitlich und kulturunabhängig. Jemand, der gut ist, muss also sehr genau erkennen, wie er in der jeweiligen Situation seine erlernten Fähigkeiten einsetzen kann, um intuitiv das Richtige zu tun.

Andererseits gilt aber auch: Gutsein ist frei von anhaftenden Prägungen. D. h. es ist frei vom geistigen Überbau, von Tendenzen und Moden sowie von egozentrischen Motiven. So beeinträchtigt den Guten in seinem konkreten Handeln nicht, welche Urteile darüber von anderen gefällt werden. Auch seine eigenen Urteile kümmern ihn nicht. Er ist entweder absichtslos dabei, dann ist er gut, oder er ist es nicht, dann ist er nicht gut.

Mit anderen Worten: Die Fertigkeiten, die jemand lernt, sind immer kulturabhängig. So hat sich das Klavierspielen genauso wie die Entwicklung dieses Instruments, des Pianofortes, in einer bestimmten Kultur ausgebildet. Eine Fähigkeit wie das Klavierspielen aber gut auszuüben, im *Hier und Jetzt*, heißt sich von den Urteilen und Gedankengebilden zu befreien, die sich um diese Fähigkeit ranken. Im besten Fall macht der Ausübende etwas nur noch intuitiv richtig, weiß aber in dem bestimmten Augenblick nichts davon, weil er es nur noch tut und nicht mehr darüber urteilt und nachdenkt. Denn er ist völlig absichtslos dabei. Das heißt: Er ist frei von Wollen. Er bemüht sich paradoxerweise nicht, seine Fähigkeit auszuüben, sondern er lässt das Tun entstehen. Er gibt die Kontrolle darüber ab. Er *ist* nur noch. Er ist frei von den urteilenden Prägungen, die ihn zu einem Ich-sagenden Wesen in dieser Kultur gemacht haben. Er hat im Ausüben seiner Fähigkeit die Ich-Prägungen abgestreift, die von seiner historischen Zeit und soziokulturellen Abstammung herrühren. Allerdings ist der Übergang von diesen Abhängigkeiten zur Unabhängigkeit oft fließend.

Dies macht eine Überlieferung eines Beethoven-Konzerts im Wien des Jahres 1800 deutlich. Hintergrund ist ein Virtuosenwettstreit, in den sich Beethoven unfreiwillig hineinziehen ließ: Beethovens Gegenspieler heißt Daniel Steibelt, ein heute vergessener Klaviervirtuose und Komponist.[31]

„In einer Abendgesellschaft beim Grafen Fries begegnen sich beide zum ersten Mal und geben erwartungsgemäß etwas zum besten. Beethoven spielte den Klavierpart in seinem Opus 11, dem Gassenhauer-Trio für Klavier, Klarinette und Violoncello. ‚Der Spieler kann sich hierin nicht besonders zeigen. Steibelt hörte es mit einer Herablassung an, machte Beethoven einige Komplimente und glaubte sich seines Sieges gewiß – er spielte ein Quintett von eigener Composition, phantasierte und machte mit seinen tremulandos, welche damals etwas ganz neues waren, sehr viel Effect. Beethoven war nicht mehr zum Spielen zu bringen.'

Kein Zweifel nach diesem Bericht, daß die erste Runde des Duells an Daniel Steibelt ging. Doch acht Tage später war wieder ‚Concert' bei Fries, eine Art Revanche-Partie. Steibelt griff Beethoven, immer musikalisch natürlich, geradezu an: Er setzte sich zum Improvisieren ans Klavier, das heißt, er spielte eine offenbar vorbereitete Phantasie (wie wenn er sie soeben erfände) und nahm als Ausgangsmaterial das Thema des Variationensatzes aus dem Beethovenschen Trio. Der Gestus des Vorgangs ist klar: Hört zu – so arbeitet man mit einem solchen Thema, das alles läßt sich daraus machen.

Die Herausforderung muß allen im Saal deutlich sein. Diese Phantasie ist eine Lektion für Beethoven. Jetzt kann er sich nicht drücken. Der Augenzeuge: ‚Er mußte ans Klavier, um zu phantasieren; er ging auf seine gewöhnliche, ich möchte sagen ungezogene Art ans Instrument, wie halb hingestoßen.' Doch auf dem Weg zum Flügel passiert etwas, das seine gewohnte Brüskerie noch übertrifft: So wie Steibelt zuvor in Beethovens Thema eingegriffen hatte, so greift der sich nun Steibelt. Das heißt, er nimmt im Vorbeigehen ein Blatt der Cello-Stimme eines Steibeltschen Quartetts (das zu Beginn gespielt worden war), legt es vor sich aufs Notenpult des Klaviers, dreht es vor aller Augen um, so daß es auf dem Kopf steht. Jetzt schlägt er mit einem Finger ein paar Töne aus der verkehrt gewendeten Notenseite, Töne von frecher Beziehungslosigkeit, provokanter Unmelodik. Doch auf einmal bekommt der bizarre Vorgang eine Stimmigkeit, die Tonfolge ihren Sinn, denn Beethoven begibt sich in eins seiner großen Improvisationsabenteuer. Solche Erfindungsekstasen und -expeditionen dauerten oft eine Stunde lang; ob auch die beim Grafen Fries ist nicht überliefert: Nur hatte der wahrhaft ausgespielte Steibelt noch vor dem Ende die Gesellschaft tief beleidigt verlassen. Er weigerte sich, jemals noch wieder Beethoven zu treffen, und wenn er eingeladen war, vergewisserte er sich, daß der nicht auch da sein würde."

Gewiss ist diese Überlieferung anekdotisch zugespitzt. Aber sie zeigt sehr anschaulich, wie aus einem damals beliebten Zeitphänomen, einem Virtuosenwettstreit, ein „Hier und Jetzt"-Erlebnis wird, in dem die individuellen Züge Beethovens, seine Ungezogenheit und Brüskerie, verblassen. Sie dienen höchstens als Kontrast, um das Unglaubliche des Vorgangs noch unglaublicher erscheinen zu lassen. Selbst wenn die Zeilen zum verblüffenden Ereignis, dem „großen Improvisationsabenteuer", nicht umfangreich sind, so geben sie einen guten Eindruck von dem jeden historischen und sozioökonomischen Kontext sprengenden Gehalt. Ich will sie darum nochmals zitieren:

„Jetzt schlägt er mit einem Finger ein paar Töne aus der verkehrt gewendeten Notenseite, Töne von frecher Beziehungslosigkeit, provokanter Unmelodik. Doch auf einmal bekommt der bizarre Vorgang eine Stimmigkeit, die Tonfolge ihren Sinn, denn Beethoven begibt sich in eins seiner großen Improvisationsabenteuer. Solche Erfindungsekstasen und -expeditionen dauerten oft eine Stunde lang".

Kurz: Scheinbar Unsinniges bekommt im Laufe dieses Ereignisses plötzlich „eine Stimmigkeit, die Tonfolge ihren Sinn". Dass in diesem Zitat das Ereignis in den Kontext von Abenteuer und Expedition gestellt wird, kommt nicht von ungefähr. Denn Abenteuer und Expedition entsprechen einem unkalkulierbaren Wagnis, das man eingehen muss, um in dieses „Hier und Jetzt"-Erlebnis einzutreten. Erst wenn man auf diese Art seine Ich-Prägungen abstreift und sich von ihnen befreit, kann man es erleben. Erst dann ist man frei von Urteilen und vorgefassten Gedankengebilden und damit im Zustand der Absichtslosigkeit. Das bedeutet auch: Beethoven erscheint zu dem Zeitpunkt des Abenteuers nicht mehr als ungezogen, sondern –

wie ein Augen- bzw. Ohrenzeuge von einer anderen seiner Improvisationen enthusiastisch berichtet – er versetzt andere dabei in einen Zustand der sprachlosen Ekstase:

„„er fantasiert uns wohl eine Stunde lang aus der innersten Tiefe seines Kunstgefühls, in den höchsten Höhen und tiefsten Tiefen der himmlischen Kunst, mit Meisterkraft und Gewandheit herum, daß mir wohl zehnmal die heißesten Thränen entquollen, und ich zuletzt gar keine Worte finden konnte, ihm mein Entzücken auszudrücken. Wie ein innig bewegtes glückliches Kind hab ich an seinem Halse gehangen. ""[32]

Dagegen kommt Steibelt mit seinem Versuch der Täuschung, vor allem mit seiner vorher vorbereiteten Phantasie am zweiten Abend, nicht von Urteilen und vorgefassten Gedankengebilden los. Er erscheint als der virtuose Blender.

Allerdings muss auch festgehalten werden: Am Anfang eines „Hier und Jetzt"-Erlebnisses stehen immer die Fähigkeiten, egal welcher Art, die jemand in seiner Zeit und in seiner Kultur gelernt hat. Sie bilden einerseits die Basis für den jeweiligen Menschen und das Ereignis, andererseits ist der jeweilige Mensch aber auch von den Urteilen seiner Zeit geprägt, von denen es sich erst zu befreien gilt, um zu einem solchen Erlebnis zu kommen. Anders gesagt: Erst das Ausüben der Fähigkeiten in Ablösung von den Ich-Prägungen schafft ein absichtsloses gutes Ereignis. Auslöser eines solchen Ereignisses kann dabei durchaus eine sehr zugespitzte zeitabhängige Herausforderung für das Ich des Handelnden sein, wie im Beispiel der Beethoven-Überlieferung. Aber inmitten des Ereignisses hat sich der Akteur von seinen Ich-Prägungen gelöst.

1.4 Generelles Gutsein im ganzen Leben

Nach meinen bisherigen Ausführungen folgt: Generelles Gutsein gibt es nicht. Man kann stets nur in einzelnen Situationen gut sein. Denn jeder handelt in seinem Leben nur dann gut, wenn er es im *Hier und Jetzt* schafft, in einem absichtslosen Zustand zu sein. Das entscheidet sich jedes Mal aufs Neue. Niemand kann vorher wissen, wie er sich in einer bestimmten Situation verhält. Ein Leben im Ganzen gut zu führen, wäre demnach praktisch unmöglich und nur theoretisch denkbar. Allein schon jede Situation zu akzeptieren, in der man ist, ist fast unmöglich. Denken Sie gerade an lebensbedrohende Situationen.

Allerdings gibt es sehr wohl Menschen, die öfter gut sind als andere. Woran liegt das? Das hängt mit dem inneren Gleichgewicht und der inneren Haltung zusammen, in denen sich diese Leute befinden. Dadurch handeln diese Leute weniger ich-zentriert und sind in ihrem Tun wenig bis gar nicht vom Wollen bestimmt. Das bedeutet: Je weniger man im Alltag sein Ego in den Mittelpunkt stellt, desto mehr kann man im Ganzen ein gutes Leben führen. Auch wenn sich dies immer nur in der konkreten Situation zeigt. Jemand, der wenig materielle Bedürfnisse hat oder der sich von Ungerechtigkeiten gegen seine individuelle Person nicht oder wenig kränken lässt, hat eine bessere innere Haltung als jemand, der gierig Macht und Geld an sich rafft. So haben Nelson Mandela oder Mahatma Gandhi als langjährige politische Gefangene die Fähigkeiten gelernt, sich mit kargen materiellen Bedürfnissen zu begnügen oder sich durch Willkürmaßnahmen nicht einschüchtern zu lassen. Sie haben sowohl in Alltagssituationen als auch in lang andauernden Extremsituationen eine bessere innere Haltung eingeübt, die sie freier von Ich-Zentrierungen macht(e).[33]

Dies führt Gandhi dazu, eine grundsätzliche Unterscheidung zwischen dem Menschen und seinem Tun vorzunehmen und stets die jeweilige Situation zu berücksichtigen, in der eine gute oder böse Handlung passiert.

In seinen eigenen Worten heißt das:

„Während eine gute Tat Billigung und eine schlechte Tat Missbilligung finden sollte, verdient der Täter der Tat, ob gut oder schlecht, stets Achtung oder Mitleid je nach Lage des Falls." (Ebd. S. 235)

Kurz: Für Gandhi sind nicht Menschen gut oder böse, sondern nur ihre jeweilige Taten. Das ist eine wichtige Kategorienunterscheidung, die auch in diesem Buch getroffen wird.[34]

Wie Gandhi diese Anschauung in die Praxis umsetzt, zeigt u. a. sein Vorgehen gegen Korruption in seiner Zeit in Südafrika als Anwalt. Hier konnte er zwei bestechlichen weißen Beamten zwar ihr Vergehen nachweisen, trotzdem wurden beide dafür vor Gericht nicht bestraft. Sie verloren lediglich ihre Posten.

Gandhi verhehlt dabei nicht seine persönliche Betroffenheit:

„Ich war schmerzlich enttäuscht […]. Ich bekam Ekel vor meinem juristischen Beruf. Sogar der Verstand wurde mir zum Abscheu, weil er zum Schutz von Verbrechen prostituiert werden konnte." (Ebd. S. 234)

Trotz dieser persönlich empfundenen Verletzung ist er aber nicht nachtragend:

„Ich muss betonen, daß ich gegen diese Beamten [...] persönlich nichts hatte. Sie merkten das selbst, und wenn sie sich in ihrer finanziellen Verlegenheit an mich wandten, half ich ihnen obendrein. Sie bekamen eine Chance, von der Johannesburger Stadtverwaltung angestellt zu werden, falls ich gegen diesen Plan keinen Einspruch erhob. Einer ihrer Freunde suchte mich deshalb auf, und ich willigte ein, ihnen keinen Strich durch die Rechnung zu machen, und sie hatten Erfolg." (Ebd. S. 235)

Gandhi zeigt damit deutlich, dass er nicht ich-zentriert aufgrund der beschriebenen Verletzung handelt und nicht die Menschen, sondern nur ihre Taten als böse sieht. Somit hat er sich als Teil des Ganzen und nicht als Mittelpunkt des Ganzen akzeptieren gelernt. Denn für ihn und seine Beweggründe des friedlichen Widerstands gegen Ungerechtigkeit gilt:

„Es ist ganz in der Ordnung, einem System zu widerstehen und es anzugreifen. Aber seinem Urheber zu widerstehen und ihn anzugreifen, ist gleichbedeutend mit Widerstand und Angriff gegen sich selbst. Denn wir sind allzumal Sünder und Kinder eines und desselben Schöpfers, und als solche besitzen wir unendliche göttliche Kräfte. Ein einziges Menschenwesen zu missachten, heißt diese göttlichen Kräfte missachten und so nicht nur dieses Einzelwesen schädigen, sondern mit ihm die ganze Welt." (Ebd.)

Es dürfte klar sein, dass es schwierig ist, eine solche Haltung aufzubauen und durchzuhalten. Es stellt sich aber auch die Frage, ob Gandhi auf diese Weise tatsächlich absichtslos und damit gut handelt oder ob nicht eine religiös motivierte Absicht dahinter steckt. Allerdings kann man gerade bei Gandhi diese Erklärung auch als Überbau sehen, für etwas in seinem Wesen, das er im Grunde genommen nicht erklären kann, selbst wenn er es oft versucht. Denn er schreibt über seinen Konflikt mit den Beamten auch:

„Diese meine Haltung [nichts gegen ihre Tätigkeit in der Johannesburger Stadtverwaltung zu haben; G. K.] nahm den Beamten, mit denen ich zu tun hatte, jegliche Befangenheit. Obwohl ich oft mit ihrem Department im Streit lag und harte Worte fielen, blieben sie mir gut Freund. Es war mir damals noch nicht klar, daß dieses Verhalten einen Teil meiner Natur bildete." (Ebd.)

Der *Natur* von Gandhi kann man es darum mindestens genauso zuschreiben, wie seinen sonstigen Erklärungen, dass er so handelt, wie er handelt. Und in dieser *Natur* steckt vor allem Absichtslosigkeit. Etwas, das man eben nicht hinreichend erklären kann. Etwas, das jemand hat oder nicht hat.

Es ist darum die *Natur*, d. h. also sowohl das Talent als auch dessen weitere Ausbildung, die es ermöglicht, dass jemand nicht nur in Einzelfällen, sondern mehr oder weniger im ganzen Leben gut sein kann. Dass dies in der Ausprägung eines Gandhi leider nur wenigen vorbehalten bleibt, ist ein Faktum. Aber auf der anderen Seite kann jeder versuchen, sich und seine *Natur* besser auszubilden. Denn wie beim Klavierspielen, zu dem auch nicht jeder dieselbe Anlage mitbringt, braucht es bei jedem eine Ausbildung der Anlage bzw. der natürlichen Fähigkeiten, damit etwas Gutes entstehen kann. Und – wie schon oben beschrieben – gilt: Gutsein hat viel mit dem Leitspruch des delphischen Orakels „Erkenne Dich selbst" zu tun. Das bedeutet: Wenn Sie bemerken, dass Sie für ein bestimmtes Gebiet nicht so talentiert sind, ist das auf einer Metabene ebenfalls ein Kennzeichen für das Gutsein. Allerdings müssen Sie diesen Sachverhalt dann auch akzeptieren und dürfen ihn nicht verdrängen. Sprich: Dieses Bewusstsein muss genauso Teil Ihres Handelns werden. Das ist gerade für die Ausbildung einer längerfristigen inneren Haltung wichtig. Denn wenn Sie die Fähigkeiten gelernt haben, sich gut einzuschätzen, können Sie im Einzelfall auch eher der Situation gemäß handeln. Sie überschätzen sich dann nicht, sondern tun jeweils, was Sie können.

Denken Sie zur Veranschaulichung an den Fall, dass Sie als Nichtmediziner als erster zu einem Notfall im Straßenverkehr kommen. Sie können dafür zwar in Erste-Hilfe-Kursen gewisse Fähigkeiten erwerben, aber Sie können keinen ausgebildeten Arzt ersetzen. Sie können nur ihr Bestes tun, und was das Beste ist, entscheidet sich jeweils in der konkreten Situation. Das mag Ihnen mangelhaft erscheinen und kann gerade in einem solchen Fall die verschiedensten ernsten Konsequenzen haben. Aber hier gilt es zu akzeptieren und damit zu erkennen, was sie tatsächlich können. Darauf lässt sich aufbauen, damit es beim nächsten Mal besser wird und Sie so eine bessere innere Haltung bekommen. Vorausgesetzt: Sie lernen aus der Situation und verdrängen nicht, was passiert ist. Sie nehmen also wahr und verklären nicht durch Urteile. Dieses Wahrnehmen, das zum Erlernen einer besseren inneren Haltung führt, kann durchaus auch nachträglich geschehen. Der Umstand, dass man z. B. nach schwierigen Situationen oft nicht schlafen kann, sich immer wieder damit beschäftigen muss, ist dafür ein gutes Beispiel.

Oft ist es aber leider so, dass man die schwierige Situation weder sofort noch später tatsächlich wahrnehmen bzw. wahrhaben möchte. Man will sie durch Urteile verklären, um sein bisheriges Ich-Bild aufrechterhalten zu können. Aber so bleiben diese Schwierigkeiten bestehen. Man lernt dadurch keine bessere innere Haltung bzw. bildet die jeweilige Natur nicht besser aus. Dieses Lernen und bessere

Ausbilden geschieht nur durch Wahrnehmen von dem, was passiert ist, so schwer das oft sein mag. Denn dieses Wahrnehmen hat immer auch mit einer Loslösung von der egozentrischen Gebundenheit zu tun. Löst man sich von dieser Gebundenheit, löst man sich auch von dieser schwierigen Situation. Auf diese Weise geschieht es, dass man sehr wohl eine innere Haltung aufbauen kann, die im Ganzen gesehen zu einem besseren Handeln führt. Auch wenn es für dieses bessere Handeln keine Sicherheit gibt. Es zeigt sich immer wieder in jeder einzelnen Situation neu. Es passiert also nicht automatisch. Aber ein Mensch mit einer guten inneren Haltung akzeptiert das.

1.5 Zusammenfassung

Nach dem bis jetzt Beschriebenen gilt: Gut handeln hat mit den nötigen Fähigkeiten dafür zu tun und geschieht absichtslos. Dabei ist das moralische Gutsein und das Gutsein in dem Sinne, etwas vortrefflich und hervorragend zu machen, untrennbar miteinander verbunden. Und nicht nur das: Gutsein berücksichtigt sowohl den eindeutigen als auch den uneindeutigen Teil unserer Wirklichkeit.

Gut gemeintes Handeln ist dagegen einseitig und berücksichtigt erstens nur den eindeutigen Teil der Wirklichkeit und setzt diesen Teil zweitens sogar absolut.

Gutsein ist weder subjektiv noch objektiv, sondern ein Prozess, der paradoxerweise sehr wohl zeit- und kulturabhängig ist. Denn Gutsein kann man nur immer im jeweiligen *Hier und Jetzt*, und zwar mit den Fähigkeiten, die man in der jeweiligen Zeit und Kultur gelernt hat. Gutsein ist damit in unserer modernen globalen Informationsgesellschaft anders als in der antiken Stadtgesellschaft in Athen. Das heißt, obwohl es für das Gutsein weder subjektive noch objektive Kriterien gibt, hängt es sowohl von der konkreten einzelnen Situation als auch von den Rahmenbedingungen dafür ab. Allerdings gilt auch: Obwohl Gutsein immer nur in einer einzelnen Situation möglich ist, gibt es trotzdem Menschen in einem gewissen Gleichgewicht, die während ihres ganzen Lebens bei weitem besser handeln als andere. Diese Menschen bilden nämlich eine innere Haltung aus, die weniger ich-zentriert ist. Sie empfinden sich mehr als Teil und weniger als Mittelpunkt des Ganzen.

Sich in diese Richtung zu entwickeln und dafür zu üben, ist entscheidend. Fragen dazu sollten aber in keiner Weise zu Schuldbekenntnissen führen, sondern zu Wahrnehmungen seiner selbst. Darum sind „Wie-Fragen" besser als

„Warum-Fragen". Das heißt nicht, dass man den Wahrheiten über sich ausweicht, sondern ganz im Gegenteil, dass man sehr genau sieht, wie man ist. Allerdings sollte man nach Auslösern suchen und nicht nach Gründen und Ursachen. Es geht nicht um Schuldzuweisungen. Es sind nicht die Gene, die Eltern, die ökonomischen Umstände, die Zeit und die Kultur, die besiegeln, was wir sind, sondern all das sind nur Auslöser.

Denn wiederum gilt: Bei der Suche nach Auslösern bleibt man bei der Wahrnehmung, bei der Suche nach Gründen und Ursachen neigt man zu Urteilen. Basis dafür ist, dass man sich von vornherein so akzeptiert, wie man ist. Denn nur dann sieht man, inwiefern man selbst nicht gut ist. Selbstakzeptanz ist also Voraussetzung zur Fähigkeit, sowohl eigene Fehler als auch eigene Vorzüge wahrnehmen zu können. Dazu ist jedoch eine gewisse Liebe zu sich selbst nötig. Besitzt man diese Liebe nicht, neigt man zur Suche nach Gründen und Ursachen, weil man nicht so ist, wie man gern sein möchte. So ist der Blick auf sich selbst verstellt, weil man gar nicht sehen will, wie man überhaupt ist. Das führt meist zu Anklagen, ob gegen andere oder sich selbst, wodurch man sein Ego in den Mittelpunkt stellt. Kurz: Man ist aus mangelnder Selbstliebe ich-zentriert und kann sich deswegen nicht als Teil des Ganzen akzeptieren. Es ist darum geraten, wenn man verstärkt Tendenzen in diese Richtung bei sich feststellt, z. B. eine Psychotherapie zu machen, um sich selbst mehr lieben zu lernen.

Hat man diese Selbstliebe und kann sich selbst akzeptieren, hat man eine gewisse Distanz zu sich, die oft zu erstaunlichen Erkenntnissen über sich führen kann. Allerdings heißt das nicht, dass man diese Distanz immer hat. Auch Menschen mit der nötigen Selbstliebe geraten immer wieder in die Gefahr, über sich und andere zu urteilen. Der

Unterschied zu anderen ist aber: Sie bemerken dies. Sie können unterscheiden, wann sie urteilen und wann sie wahrnehmen. Ein gutes Beispiel ist dafür ein Liedtext eines deutschen Liedermachers, nämlich „Wenn ich sing" von Klaus Hoffmann:

WENN ICH SING

Und du hast Pferde gekauft oben im Norden Bamians,
hast die Mädchen aus Frankfurt gesehen,
die ihre Wünsche in die staubige Straße spuckten,
die wollten weiter zu den Gurus nach Goa,
und du warst viele Joints unterwegs
von Pancho nach Tschakcheran
und bist dir kein Stück nähergekommen.

Und du hast in dir gesessen viele Nächte im klaren Frost,
den Ochsen in dir gesucht, bis er oft greifbar nah war,
warst auf den Märkten von Stambul und in den Kneipen von Ivalo,
mal vegetarisch, mal steakversessen
und bist dir kein Stück nähergekommen.

Und hattest Träume von Castaneda und Bloch,
hast dich in den Nächten wies trunkene Schiff
durch Sehnsüchte gewälzt, mit fremden Körpern die Scham bekämpft,
die suchten in dir, was du suchtest,
und du hattest am nächsten Morgen den faden Geschmack von Kastanien
und bist dir kein Stück nähergekommen.

Und standst so oft an der Wand mit dem hochmütigen
Blick des Richters,
du wärst so gern beteiligt gewesen an der Spontaneität der
anderen,
hattest immer ein „aber" bereit.
Sprangst dann doch mitten hinein, ohne zu denken,
erlebtest ein paar Momente des Glücks
und warst minutenlang du.

Wenn ich sing, ist ein Mantra in mir,
wenn ich sing, dann sing ich mit dir,
wenn ich sing, dann bin ich mir nah.

Wenn ich sing, ist die Angst nicht mehr da,
wenn ich sing, wird ein Augenblick wahr,
wenn ich sing, dann bin ich dir nah.

Wenn ich sing, singt alles heraus
was kaputt, verboten, zerschlagen, im Aus,
wenn ich sing, dann bin ich dir nah.

Wenn ich sing, singt mein Kopf
mein Schwanz und mein Herz,
wenn ich sing, singt die Hoffnung, der Krampf, mein
Schmerz,
wenn ich sing, dann bin ich dir nah.

Wenn ich sing, fliegt ein Stück Unterdrückung heraus,
wenn ich sing, werden Stimme und Worte zur Faust,
wenn ich sing, dann bin ich dir nah.

Wenn ich sing, sing ich mit Papa Villon,
mit B. B. und Robert und mit Rimbaud,
wenn ich sing, dann bin ich dir nah.

Wenn ich sing, weiß ich noch immer nicht, warum
ich sing, ich weiß nicht, vielleicht,
wenn ich sing, dann bin ich dir nah.
Wenn ich sing, bin ich mir nah,
wenn ich sing, singst du."[35]

Im ersten der zwei Teile[36] beschreibt Hoffmann sehr anschaulich, wie die Sprechinstanz des Textes[37] bei ihrer Suche nach sich selbst auf einer Reise nach Afghanistan, sich nicht näher gekommen ist und stattdessen noch immer bei Urteilen festklebt. Gerade die letzte Strophe des ersten Teils macht das sehr deutlich. Dabei wird auch klar, dass die Sprechinstanz diesen Zustand reflektiert und sehr wohl zu Wahrnehmungen ihrer selbst fähig ist. Sie kann sowohl ihr Bedürfnis benennen: „du wärst so gern beteiligt gewesen an der Spontaneität der / anderen, /", als auch die Auslöser in ihr selbst, die ihr die Befriedigung dieses Bedürfnisses verwehren: der „hochmütige[] / Blick des Richters" und „hattest immer ein ‚aber' bereit". Sie drückt zudem mit den anschließenden Zeilen, dem Übergang zum zweiten Teil, aus, dass sie sehr wohl auch fähig ist, diesem selbst entfremdeten Zustand zu entkommen: „Sprangst dann doch mitten hinein, ohne zu denken, / erlebtest ein paar Momente des Glücks / und warst minutenlang du."

Im zweiten Teil stellt die Sprechinstanz dar, wo sie, was sie und wie sie diesen anderen Zustand erlebt, nämlich beim Singen.[38] Schon der Wechsel im Tempus macht die Beschreibung eines „Hier und Jetzt"-Erlebnisses deutlich: So ist der zweite Teil nicht in einer Vergangenheitsform formuliert wie der erste, sondern im Präsens. Dies wird durch die sehr differenzierte Benutzung der Personalpronomen „ich" und „du" verstärkt. Dabei ist schon im ersten Teil die Verwendung des Personalpronomens ein wichtiges Gestaltungsmerkmal, das den selbst entfremdeten Zustand verdeutlicht, indem nur von „du", aber nicht von „ich" gesprochen wird. Denn letzteres zeigt, dass die Sprechinstanz in diesem Text nicht bei sich ist. Im zweiten Teil bekommt die Wahl bzw. der Wechsel zwischen den beiden Personalpronomen aber noch eine zentralere Bedeutung. So wird einerseits in mantrahafter Wiederholung das „ich" mit „wenn ich sing" wiederholt und dadurch in der ersten Strophe dieses Teils eine Nähe zu sich, in den anderen Strophen eine Nähe zu einem „du" dargestellt. Andererseits wird in der letzten Strophe diese Verwendung zugespitzt. Zuerst werden anhand der Frage nach dem „Warum" des Singens die Aussagen von oben relativierend wiederholt: „ich weiß nicht, vielleicht, / wenn ich sing, dann bin ich dir nah. / Wenn ich sing, bin ich mir nah". Schließlich wird mit dem letzten Wort des Textes, dem „du" zwar eine Antwort auf dieses „Warum" gegeben, aber eine paradoxe: „wenn ich sing, singst du"[39]. Und genau auf diese Weise wird der Akt des absichtslosen Tuns und damit des Gutseins im kreativen Prozess sehr gut beschrieben, in dem die normale Ich-Zentrierung aufgehoben ist. Kurz: Ein Mensch, der in einem kreativen Prozess ist, in diesem Beispiel ist es das Singen, handelt in einer Weise absichtslos, die nicht eindeutig zu klären ist. Er hat darüber hinaus die normalen Ich-Grenzen aufgelöst und kann nicht mehr zwischen „ich" und „du" unterscheiden.

Wichtig ist hier zu bemerken: Im Gegensatz zu einem psychisch Kranken, bei dem sich diese Grenzen auch auflösen können, akzeptiert der Gute nicht nur diese Auflösung, sondern seine Wahrnehmung und sein Realitätsbezug sind sogar noch besser als vorher.

All das macht das Gutsein aus. Für die Absichtslosigkeit, für dieses Gutsein gibt es dabei keinen genauen Grund bzw. keine genaue Ursache, da man währenddessen in einer paradoxen Situation ist.

Der Umstand, dass Künstler diesen paradoxen Zustand anschaulich beschreiben können[40] und auch öfter darin sind, bedeutet nicht, dass sie im Ganzen gesehen bessere Menschen als Normalbürger sind. In ihrem alltäglichen Leben – siehe Ludwig van Beethoven[41], Richard Wagner[42] oder Pablo Picasso[43]– sind sie es oft nicht. Hier haben sie die gleichen Probleme wie alle anderen oder sogar noch mehr. Nur: Sind diese Menschen in einem kreativen Prozess, sieht das anders aus. Die Werke, die in diesen Prozessen geschaffen werden, also gute Kunstwerke, drücken darum – analog zu Klaus Hoffmanns „Wenn ich sing" – die Absichtslosigkeit und das Gutsein sehr anschaulich aus. Das bedeutet: In diesen Werken wird die an- und abwesende Wahrheit berücksichtigt.

Zentral bleibt allerdings, dies auch im alltäglichen Leben zu verwirklichen, worauf im dritten Teil noch ausführlich eingegangen wird.

2. Teil: Das Bösesein

2.1 Der Begriff „Bösesein"

Im Bedeutungswörterbuch der Dudenredaktion findet man zum Begriff „böse" vier Haupt- mit Unterbedeutungen:

1. a) bösartig, übel gesinnt, b) schlimm (z. B. „eine böse Krankheit haben"),
2. a) ungezogen, b) ärgerlich,
3. wund (im Sinne von „ein böses Auge haben"),
4. überaus (im Sinne von „böse irren"). [44]

Dabei fällt auf: Wie für den Begriff „gut" gibt es auch für „böse" sehr unterschiedliche Bedeutungen im alltäglichen Gebrauch der deutschen Sprache. So findet man z. B. mit „wund" oder „überaus" eindeutig nicht-moralische Bedeutungen. Das zeigt, dass man auch die Bedeutungen für „böse" nicht unter einen bestimmten Nenner bringen kann. Es gilt wiederum, für die Untersuchung bestimmte Bedeutungen auszuwählen. Dabei fällt weiter auf: Als Gegenpol zum Begriff „gut", so wie er im ersten Teil herausgearbeitet wurde, gibt es für „böse" nur die moralische Bedeutung im Sinne von „1 a) bösartig, übel gesinnt".[45] Denn eine Bedeutung, die das Gegenteil von „gut" im Sinne von „vortrefflich, hervorragend" bezeichnet, ist zumindest heutzutage für „böse" nicht mehr belegt. Das war in früheren Zeiten anders. So ist für „böse" im Althochdeutschen noch „gering, wertlos" und im Mittelhochdeutschen zusätzlich „schlecht" belegt.[46] Man konnte damals also einen Musiker mit geringen Fähigkeiten durchaus als „böse" bezeichnen. Der Umstand, dass dies heutzutage nicht mehr gilt, ergibt für diese Untersuchung zuallererst: Man kann

„böse" nicht automatisch als das Gegenteil von „gut" ansehen.

Die folgende Analyse beschränkt sich darum zunächst auf den moralischen Aspekt dieses Begriffs. Allerdings wird im weiteren Verlauf diskutiert, ob es nicht doch sinnvoll ist, den Fähigkeitsaspekt mit einzubeziehen, auch wenn er im alltäglichen Sprachgebrauch für „böse" nicht mehr belegt ist. Denn die Unterscheidung „Wahrnehmen" auf der einen Seite und „Urteilen" auf der anderen Seite, die für das Gutsein eine zentrale Rolle spielt, ist mit umgekehrten Vorzeichen auch für das Bösesein ausschlaggebend. Und damit ist der Fähigkeitsaspekt untrennbar verbunden. Dies zu zeigen ist u. a. die Aufgabe der folgenden Punkte.

2.2 Kriterien für das Bösesein (einschließlich der geschichtlichen und soziokulturellen Voraussetzungen)

Zur Veranschaulichung des Böseseins werden in diesem Buch drei Kriterien aus der Philosophiegeschichte herangezogen:[47]

1. Bösesein ist ein Handeln mit Wahlfreiheit.
2. Bösesein ist ein Handeln, in dem das Individualinteresse ungerechtfertigterweise für das Allgemeininteresse ausgegeben wird.
3. Bösesein ist ein Handeln, in dem das Konkrete durch das Abstrakte ersetzt wird.

Alle drei Kriterien[48] müssen erfüllt sein, damit man davon sprechen kann, dass jemand eine böse Handlung vollführt. Dabei ist es wichtig zu betonen, dass diese Kriterien handlungs- und nicht personenzentriert sind. Das bedeutet: Es geht nicht darum, zu entscheiden, ob ein Mensch oder ein sonstiges Wesen böse ist, sondern nur, ob eine Handlung als solche bezeichnet werden kann.

Bei der Erläuterung des ersten Kriteriums „Bösesein ist ein Handeln mit Wahlfreiheit" ist zu beachten: Es ist hier nicht zweckdienlich, die klassische Debatte zur Willensfreiheit neu aufzurollen und zu fragen, ob es diese Freiheit gibt oder nicht. Denn das ist nicht grundsätzlich zu entscheiden.[49] Für mein Thema ist es jedoch wichtig, dass für das Bösesein eine Wahlfreiheit gegeben sein muss. Denn wenn ein Wesen – egal welcher Art – gar nicht anders kann, als so zu handeln, wie es das tut, kann es auch nicht zu einer bösen Handlung fähig sein. Das heißt, ein Wesen, das böse handelt, muss dies in der Hinsicht absichtsvoll tun, dass es auch anders hätte entscheiden können. Pflanzen, Tiere und alle Wesen, die keine Wahlfreiheit besitzen, können somit grundsätzlich nicht böse sein.

Aber was ist der Unterschied zwischen Wahlfreiheit und Willensfreiheit?

In diesem Buch gilt:[50]

Willensfreiheit geht davon aus, dass ein Wesen frei von biologischen, religiösen oder sonstigen eindeutigen Determinanten handeln kann. Es hat im Endeffekt die völlige Entscheidungsfreiheit für sein Tun.

Wahlfreiheit geht nicht von einer theoretisch begründbaren vollkommenen Freiheit des jeweiligen Wesens aus. Es wird also nicht ausgeschlossen, dass es biologische, religiöse oder sonstige Determinanten für das Handeln gibt. Allerdings wird ausgeschlossen, dass dadurch nur *eine* bestimmte Handlung möglich ist. Vielmehr haben Menschen ab einer bestimmten Reife die Wahlfreiheit zwischen mehreren Alternativen. Denn es zeigt sich in der persönlichen Entwicklungsgeschichte jedes einzelnen Menschen, dass er sich ab einer bestimmten Stufe körperlich und emotional getrennt von seiner Umwelt und seinen Mitmenschen erlebt. Für ihn gibt es ab dieser Stufe nicht mehr nur eine Perspektive des Wahrnehmens und Handelns. Vielmehr begreift er sich ab dieser Stufe als jemand, der Perspektiven anderer Menschen nachvollziehen kann. Er bemerkt, dass die Menschen, je nach Rolle, die sie einnehmen, verschieden handeln und dass auch er je nach Rolle, ob als Geschwister, Klassenkamerad, Kind, verschieden handelt bzw. handeln kann. Kurz: Ab dieser Stufe erkennt ein Mensch, dass es die Wahl zwischen mehreren Alternativen für das jeweilige Tun gibt. Diese Stufe ist in der westlichen Hemisphäre heutzutage mit dem Erlernen der so genannten *soziozentrischen Haltung* etwa zwischen dem achten und zwölften Lebensjahr erreicht.[51] Und erst wenn ein Mensch diese Stufe erlangt hat, kann er böse sein.

Allerdings gilt es dabei zu beachten: Die Stufe der Wahlfreiheit genauso wie der Begriff „böse" sind nichts juristisch Relevantes. Mit anderen Worten: Obwohl ein 8–12-jähriger Mensch in unserer Gesellschaft – wenn er sich normal entwickelt – die Stufe der Wahlfreiheit für sein Tun erreicht und damit böse Handlungen vollführen kann, ist er dafür noch nicht juristisch belangbar. Das ist auch sinnvoll, weil er in diesem Alter noch nicht als für sich verantwortlich betrachtet werden kann. Das bedeutet: Seine moralische Reife ist noch sehr ausbaufähig. Das betrifft jedoch vor allem die innere Haltung, die sich ein Mensch erwirbt. Die ist noch sehr stark form- und bildbar[52]. Grundsätzlich weiß der Mensch in diesem Alter jedoch, dass eine einzelne Handlung in der jeweiligen Gruppe, in der er sich befindet, dahingehend bewertet wird, ob sie gerechtfertigt ist oder nicht. Auch wenn er noch keine expliziten Kriterien für böses Handeln aufstellen kann, hat er bis dahin also gelernt, dass es die Wahl zwischen sanktionierten und nicht sanktionierten Handlungen in seinem gesellschaftlichen Umfeld gibt. Zwar befindet er sich noch im Teststadium, welche Handlungen das im Einzelnen sind. Aber er weiß normalerweise in diesem Alter, dass z. B. Ladendiebstahl in unserer Gesellschaft unter Strafe steht und dass er diesen Umstand in sein Handeln integrieren muss.

Jedoch bin ich mit den letzten Erklärungen in vieler Hinsicht schon zum zweiten Kriterium für das Bösesein übergangen, das allerdings wie auch das dritte nicht scharf von den anderen zu trennen ist.

Das zweite Kriterium „Bösesein ist ein Handeln, in dem das Individualinteresse ungerechtfertigterweise für das

Allgemeininteresse ausgegeben wird", bezieht sich darauf, dass jemand nicht allein für sich selbst, sondern nur innerhalb einer oder mehrerer Gruppen böse sein kann. Mit anderen Worten: Bösesein hat mit dem Verhältnis von Gruppenmitgliedern untereinander zu tun. Jemand übertritt eine Grenze. Er beansprucht mit seinem Handeln, dass er als einziger etwas darf, das die anderen nicht dürfen. Allerdings scheint das unter Umständen noch kein böses Verhalten zu sein. Denn wenn ihm die anderen Mitglieder dabei zustimmen, wäre sein Handeln gerechtfertigt, und damit wäre sein Individualinteresse mit dem Allgemeininteresse gleichzusetzen. Er wäre damit zumindest innerhalb dieser Gruppe nicht böse. So haben und hatten viele Herrscher in früheren und heutigen Epochen die Macht über Leben und Tod der anderen Gruppenmitglieder und haben davon ausgiebig Gebrauch gemacht. Man denke nur an die Zeit des Nationalsozialismus im damaligen Einflussgebiet des Deutschen Reiches. Solange die Gruppenmitglieder allen Taten zustimmen und nichts dagegen unternehmen, wären sie nach dieser Argumentation innerhalb dieser Gruppe gerechtfertigt, auch wenn das andere Gruppen zur selben Zeit oder in späteren Zeiten anders sehen.

Ist das aber tatsächlich so? Ist das Bösesein damit lediglich aufgrund der internen Zustimmung der jeweiligen Gruppen zu begreifen? Sind die Taten der Nationalsozialisten also nicht allgemein als böse anzusehen?

Die Beantwortung dieser Fragen scheint davon abzuhängen, ob man einen objektiven Standpunkt einnehmen kann, der alle Gruppen mit einschließt und von dem aus man für alle Gruppen entscheiden kann, was böses Handeln ist und was nicht.

Aber gibt es so einen Standpunkt?

Dabei geht es nicht um einen theoretisch möglichen Standpunkt, sondern um einen, der derzeit praktiziert wird oder konkrete Aussichten in der Praxis hat. Ansonsten könnte man die für das Böse allgemein gültige Gruppe auf den ganzen Kosmos erweitern. Denn in diesem Kosmos ist niemand autark, sondern seit dem Urknall ist alles mit allem verbunden. Das heißt, es wären nicht nur alle Lebewesen, sondern es wäre alles Seiende einbezogen, egal ob belebt oder unbelebt. Das bedeutet auch, ein scheinbar höher stehendes Wesen dürfte sich nicht über andere mit seinen Interessen einfach hinwegsetzen und wäre das andere Seiende nur ein unbelebter Stein. Aber ein solcher Standpunkt ist nur theoretisch vorstellbar, in der Praxis jedoch nicht durchführbar. Denn es gibt zu viele Gruppen, die aus religiösen oder wirtschaftlichen Interessen völlig andere Ansichten haben und sich daran in keiner Weise halten. Hierarchien sind darum in jeder Umweltethik enthalten.[53] Praktisch gesehen wird deswegen der Geltungsbereich – trotz steigenden ökologischen Bewusstseins – nur auf Menschengemeinschaften bezogen. Selbst Tiere werden ausgeschlossen. Darüber hinaus gilt: Als oberste Gemeinschaft wird zwar die gesamte Erdbevölkerung angesehen, jedoch trotz UNO beschränkt sich der gesuchte Geltungsbereich mehr oder weniger auf bestimmte Kulturgemeinschaften. Da das Böse kein juristischer, sondern ein moralischer Begriff ist, ist es somit zwar nicht nur auf einzelne Staaten bezogen, aber es gilt nicht für alle Menschen, sondern analog zum Gutsein nur für spezielle Teilmengen von ihnen, die in diesem Buch „Kulturgemeinschaften" genannt werden. Darüber hinaus variieren die Wertvorstellungen sogar innerhalb dieser Kulturgemeinschaften, wofür vor allem soziale und ökonomische Bedingungen verantwortlich sind. Damit scheinen geschichtliche und sozioökonomische Voraussetzungen für die Bedeutung des Böseseins stets eine Rolle zu spielen. Mit anderen Worten: Analog zum Gutsein gibt es auch für das

Bösesein keinen objektiven Maßstab. Man kann für Urteile darüber höchstens intersubjektiv einen Maßstab innerhalb von Kulturgemeinschaften annehmen.

Bösesein hat z. B. in der derzeitigen westlichen Hemisphäre eine andere Bedeutung als in der derzeitigen islamischen Welt. So werden die Nationalsozialisten in der westlichen Hemisphäre seit Ende des Zweiten Weltkriegs fast allgemein als böse bezeichnet, weil sie Individualinteressen zu Unrecht als Allgemeininteressen ausgegeben haben.[54] Aber zwischen 1933 und 1945 war die Sicht darauf zumindest innerhalb des Deutschen Reiches anders. Dies gilt auch für die derzeitige islamische Welt. Hier werden oft, etwa im so genannten Gottesstaat Iran, Hitler und seine Nationalsozialistische Partei, gerade weil sie die Juden verfolgt haben, positiv gesehen.[55] Das bedeutet: Auch heutzutage betrachten noch viele das Allgemeininteresse der islamischen Kultur mit dem damaligen Individualinteresse Hitlers und seiner Partei im Einklang. Dabei wird mit dem Beispiel „Hitler und NSDAP" auch klar, dass sich hinter Individualinteressen auch Untergruppeninteressen, also Parteieninteressen, verbergen können, die für Allgemeininteressen ausgegeben werden.

Jedoch – was wiederum viel wichtiger ist: Dieses Beispiel zeigt vor allem, dass das Bösesein mit Urteilen in diesen Gemeinschaften zu tun hat, nicht wie das Gutsein, das auf urteilsfreien Wahrnehmungen basiert. So bildete sich bei Hitler und seinen Mitstreitern mit Hilfe von irrigen sozialdarwinistischen Deutungen der Menschheitsentwicklung das Urteil, dass die Interessen, die sie vertreten, gleichzeitig die Interessen der Allgemeinheit seien. So sah Hitler die Evolution des Menschen als ständigen Kampf aller Völker bzw. Rassen um Lebensraum an, bei dem sich das stärkste Volk als Herrenvolk erweisen solle. Diesen Kampf – und damit begründet er seinen Antisemitismus – untergrabe das jüdische Volk durch seinen vermeintlichen zersetzenden Internationalismus, der als Ziel die Ausrottung aller anderen Völker habe. Darum gelte es nach Hitlers Anschauung für alle anderen Völker im Gegenzug, das jüdische Volk auszurotten.[56]

Um die abscheulichen Konsequenzen dieser Argumentation zu veranschaulichen, kann man das dritte Kriterium heranziehen: Bösesein ist ein Handeln, in dem das Konkrete durch das Abstrakte ersetzt wird. Genau das taten die Nationalsozialisten unter Hitlers Führung, und zwar noch in verschärfter Weise, nämlich systematisch. Allerdings gilt das grundsätzlich für totalitäre Ideologien, z. B. auch für den Kommunismus unter Josef Stalin. Das konkrete Leid vieler wird hier für die abstrakten Ideen von Rassenhierarchien oder von der Abschaffung der Klassengesellschaften nicht nur in Kauf genommen, sondern diese Ideen lösen dieses Leid überhaupt erst aus. Symptomatisch für das Böse dieser totalitären Ideologien ist hierfür der Josef Stalin zugesprochene Satz: „Der Tod eines einzelnen Mannes ist eine Tragödie, aber der Tod von Millionen nur eine Statistik". Genau so gingen und gehen totalitäre Staaten vor. Sie ersetz(t)en Tragödien durch Statistiken. Oder anders ausgedrückt: Ein Mensch wie Eichmann, der an der Organisation der Judenvernichtung während der Nazi-Diktatur wesentlich beteiligt war, hätte konkret keinen Menschen töten können. Als er selbst bei Vergasungen Zuschauer war, hielt er es nicht aus.[57] Trotzdem war er als Schreibtischtäter für den Tod von Millionen Menschen verantwortlich.

Allerdings gilt es trotz dieser Gemeinsamkeit bei totalitären Regimmen zu differenzieren, worauf ihre Abstraktionen beruhen. Überspitzt gesagt: Bösesein ist nicht gleich Bösesein. Man sollte immer genau betrachten, was sich hinter den jeweiligen Abstraktionen verbirgt und nicht vorschnell Gleichsetzungen, z. B. der Verbrechen der Nazis und des kommunistischen Regimes unter Stalin, vornehmen. Denn damit abstrahiert man nur wieder selbst und nimmt das jeweilige Böse nicht konkret wahr.[58]

Aber wie kann man das Böse konkret wahrnehmen? Doch nur, wenn man sich des Urteilens enthält!

Jedoch wie macht man das? Ist es nicht so, dass auch diese drei Kriterien aus der Philosophiegeschichte urteilsbehaftet sind und letztendlich keine Wahrnehmungen darstellen?

Die Antwort ist: Leider ja!

Aber haben die drei erläuterten Kriterien dann überhaupt einen Wert bzw. ist es überhaupt so, dass diese Kriterien immer Gültigkeit haben? Ist z. B. der Diebstahl eines Kleidungsstücks durch einen 20-jährigen Studenten in einem großen Kaufhaus nach diesen drei Kriterien tatsächlich eine böse Handlung?

Man könnte hier nämlich argumentieren, dass zwar die ersten zwei Kriterien zutreffen: Der Dieb handelt in Wahlfreiheit und setzt auch sein Individualinteresse, den Besitz dieses Kleidungsstücks, ungerechtfertigterweise über das Allgemeininteresse, das das Eigentum eines jeden schützt. Aber inwiefern verstößt er hier gegen das Kriterium „Bösesein ist ein Handeln, in dem das Konkrete durch das Abstrakte ersetzt wird". Denn ersetzt er mit seinem Diebstahl tatsächlich das Konkrete durch das Abstrakte? Ist es nicht vielmehr so, dass er eine konkrete Tat gegenüber einer abstrakten Institution begeht?[59]

Man könnte hier zwar dieses Kriterium damit verteidigen, dass sich der Student nicht klar macht bzw. klar machen will, welche konkreten Konsequenzen seine Tat für den zuständigen Verkäufer und überhaupt für die davon betroffenen Personen in diesem Kaufhaus hat. Dass er also in dieser Hinsicht deren konkrete Schwierigkeiten durch seine abstrakte Tat ersetzt.

Jedoch Sie bemerken es vielleicht selbst: So genau lässt sich das nicht entscheiden. Denn vielleicht ist ja der konkrete Diebstahl den betroffenen Personen ganz egal. Ja vielleicht haben sie ihn in ihr Konzept, z. B. in ihre Preiskalkulation, sogar abstrakterweise einbezogen. Kurz: Es kann durchaus sein, dass es nach diesen drei Kriterien unentscheidbar bleibt, ob eine bestimmte Tat böse ist oder nicht. Denn man bleibt mit ihnen im Endeffekt immer beim Urteilen.

Aber haben diese drei Kriterien dann überhaupt einen Sinn? Und wenn nicht, wie kommt man dem Phänomen des Böseseins sonst näher?

Hier sollte man zuerst in Betracht ziehen: Es wäre ebenso ein Urteil, diese Kriterien in Bausch und Bogen zu verwerfen. Sie geben durchaus Hinweise und Orientierungshilfen für eine Wahrnehmung des jeweiligen konkreten Phänomens. Jedoch ersetzen sie diese Wahrnehmung nicht. Sie schulen sie nur. Die Wahrnehmung muss jeder für sich vornehmen. Wer bei einer Ersatzhandlung bzw. einem Urteil stehen bleibt, ist nahe dran, selbst dem Bösesein zu verfallen, weil er vom konkreten Einzelfall abgeht und selbst abstrahiert.

Aber heißt das nicht, dass Gut- und Bösesein sehr nahe beieinander liegen können und manchmal nur eine klitzekleine Kleinigkeit darüber entscheidet, ob jemand gut oder böse handelt?

Eine Antwort darauf kann wiederum nicht allgemein gegeben werden, weil man darüber nur urteilen könnte. Es gilt stets den Einzelfall wahrzunehmen. Und da kann es durchaus sein, dass eine wiederholte scheinbare gute Handlung, weil gerade nicht jedes Mal der Einzelfall wahrgenommen wird, zur bösen wird. So kann eine wiederholte Entwicklungshilfemaßnahme, die in Krisengebieten Hilfsgüter einführt, dazu führen, dass dort die alten Strukturen für gegenseitige Hilfe zusammenbrechen und eine ständige Abhängigkeit für Hilfe von außen entsteht. Wiederum zeigt sich „Gut ist das Gegenteil von gut gemeint". Aber ist gut gemeintes Handeln gleichzeitig böses Handeln? Gibt es hier nichts dazwischen? Es ist doch ein Unterschied, ob man im guten Glauben in Krisengebieten hilft oder einen Ladendiebstahl begeht oder jemanden in einem Konzentrationslager zu Tode quält!

Zweifelsohne ist das so, und vom Sprachgebrauch aus gesehen würden viele Menschen in der westlichen Kulturgemeinschaft sogar nur letzteres als böse bezeichnen. Und das hat nicht nur etwas mit Urteilen zu tun, sondern würde von der Wahrnehmung bestätigt werden. Es gibt hier große Unterschiede. Ob jemand böse handelt, muss darum im Einzelfall geklärt werden. Denn es gibt sehr wohl Handlungen dazwischen bzw. Handlungen in Grauzonen, und dazu zähle ich vor allem die Fälle, wenn wir mit unserem Tun beim Gutmeinen und bei Ersatzhandlungen stecken bleiben. Aber auch, wenn wir uns vor konkreten Handlungen drücken, z. B. wenn wir uns in einer großen Fußgängerzone um jemanden, der gekrümmt am Boden liegt, nicht kümmern. Wir sind mit diesem Handeln in Grauzonen keine neuen Hitlers oder Eichmanns, aber man sollte sich klar machen, dass die Grenze zwischen uns selbst und diesen Personen grundsätzlich nicht strikt gezogen werden kann. Nicht umsonst hat Thomas Mann schon in den 30er Jahren des 20. Jahrhunderts Hitler als Bruder bezeichnet.[60] Darüber hinaus zeigt das Beispiel Eichmann und das vieler anderer Personen im Dritten Reich, dass für viele scheinbar normale Menschen nur gewisse Faktoren gegeben sein müssen, um mit ihrem normalen Handeln in Grauzonen in nicht zu verantwortbarer Weise zum Bösen hin abzudriften und etwas sehr Schreckliches zu tun. Frei nach dem Ausspruch: „Die meisten Menschen sind nicht einmal imstande, sich das vorzustellen, und doch sind sie zum rechten Zeitpunkt und unter ganz bestimmten Bedingungen zu allem fähig."[61]

Doch müssen wir gar keinen Blick auf die Vergangenheit werfen. Schauen wir unser tägliches Leben einmal genauer an! Wie gehen wir denn mit unseren Mitmenschen um bzw. mit all den Situationen, in denen wir uns befinden? Kommt es da nicht oft vor, dass wir, obwohl wir die Wahlfreiheit haben, aus Bequemlichkeit das Konkrete durch das Abstrakte ersetzen und unser Individualinteresse als ein Allgemeininteresse ausgeben? So ist es vor allem die westliche Welt, die durch ihren Kohlendioxidausstoß zur Erderwärmung beigetragen hat und noch immer beiträgt. Und diese Erderwärmung ist zum großen Teil dafür verantwortlich, dass 2007 in Bangladesh eine so große Überflutung aufgetreten ist und in Zukunft noch schlimmere Katastrophen passieren können. Aber bremsen wir uns darum jetzt im Autofahren, Fliegen und sonstigen Konsum, um diesen Ausstoß entscheidend zu verringern?

Jedoch – obwohl es dringend nötig wäre – ist es ein explizites Urteil und zumindest nicht gut, zu verlangen, dass sich jetzt schleunigst jeder ändern müsse. Wir sind Menschen und keine Götter, und damit gehören das Böse und die Grauzonen zu uns wie das Gute, das jeder nur mittels seiner Wahrnehmung schulen kann.

Einen psychologisch-philosophischen Erklärungsversuch für unser böses und Grauzonen-Verhalten gibt Hubert Benoit in „Die hohe Lehre"[62]: Danach gilt: Wir leben ständig in Seinsangst, d. h. in Angst vor der totalen Auslöschung, dem Tod. Diese Angst besteht genauer ab der individuellen menschlichen Entwicklung zu einem Ichsagenden Wesen im Alter zwischen drei und fünf Jahren;

also ab den Zeitpunkt, wenn sich das Ich eines Menschen bewusst von jedwedem Nicht-Ich abgrenzen kann. Denn sobald jemand „Ich" sagt, grenzt er sich vom Rest der Welt ab, der für ihn das Nicht-Ich ist, ob dieser Rest nun Menschen, Tiere, Pflanzen oder Steine sind. Und dieses Nicht-Ich ist eine ständige Bedrohung. Denn es zeigt dem Ich-sagenden Wesen, dass es nicht die gesamte Welt beherrschen und kontrollieren kann, ja sogar, dass es oft von diesem Nicht-Ich beherrscht und kontrolliert wird. So erfährt das Kind die Eltern, die anderen Kinder und Erwachsenen, aber auch Naturereignisse wie Gewitter als Gefahr, von denen stets eine Bedrohung ausgeht. Und das setzt sich im weiteren Leben immer mehr fort. Denn jede Wahrnehmung eines nicht kontrollierbaren Nicht-Ichs, auch wenn es noch so sanft agiert, erinnert den Menschen an den Tod, das Ereignis des totalen Verlusts jedweder Kontrolle und Beherrschung in dieser Welt. Mit anderen Worten: Durch das Bewusstsein des Todes hat der Mensch trotz vieler religiöser Erklärungen die Angst, dass er als Ich-sagendes Wesen total ausgelöscht wird. Um sich davor zu schützen, tritt er jedem Beherrschungsversuch des Nicht-Ichs – und ist dieser noch so unscheinbar – mit einem Gegenbeherrschungsversuch entgegen. Darum ist es kein Wunder, dass der Mensch böse bzw. in Grauzonen handelt. Er schützt sich so vor seiner Angst, ausgelöscht zu werden. Oder besser gesagt: Sein Ich schützt sich so, vom Nicht-Ich ausgelöscht zu werden. Denn Mensch und Ich sollte nicht gleich gesetzt werden, weil das Ich ein Gewordenes innerhalb der Entwicklung des Menschen darstellt und in keiner Weise einen Menschen vollständig repräsentiert.

Böse bzw. Grauzonen-Handlungen sind darum genau genommen Handlungen des Ichs in der Abgrenzung vom Nicht-Ich. Deshalb sind sie auch absichtsvoll. Und darum sind im Gegenteil nur absichtslose Handlungen gut, weil sie nicht vom Ich ausgehen, sondern vom gesamten Menschen. Darüber hinaus fügt sich dabei der jeweilige Mensch in die Gesamtsituation ein, ohne sich abzutrennen. Er nimmt sich also zusätzlich als Teil des Ganzen wahr. Er ist während des Gutseins kein isoliertes Ich-sagendes Wesen wie beim Bösesein. Dies zeigt sich immer wieder. Hierfür gilt es nur wahrzunehmen, anstatt zu urteilen.[63]

2.3 Generelles Bösesein im ganzen Leben

Wie für das Gutsein gilt für das Bösesein, dass stets der Einzelfall betrachtet werden muss. Darum sollte man den kategorialen Unterschied, den Gandhi macht, nicht vergessen, dass nicht Menschen böse sind, sondern nur deren Taten.[64] Dies wurde im letzten Punkt mit den drei Kriterien aus der Philosophiegeschichte auch explizit berücksichtigt.

Es trifft auch zu, dass selbst ein Hitler nicht stets böse war. So konnte er in seinem näheren Umfeld sehr charmant sein. Seine Sekretärin Traudl Junge schildert ihn sogar als „väterlichen Freund" der ihr „ein Gefühl der Sicherheit, Fürsorge, Geborgenheit" gab.[65] Trotzdem bildete er eine innere Haltung aus, die ihn gegen Andersdenkende bzw. ideologisch unliebsame Menschen sehr rigoros vorgehen ließ. Das heißt: Wie für das Gutsein trifft auch für das Bösesein zu, dass jemand eine innere Haltung aufbauen kann, die ihn öfter und folgenreicher böse handeln lässt als andere. Bei Hitler war für die Ausbildung dieser inneren Haltung wahrscheinlich seine Wiener Zeit zwischen 1907 und 1913 maßgebend. Hier bildete sich das „granitene Fundament" seiner Überzeugungen, wie er es selbst ausdrückte.[66] Dies schaffte den Grundstock für seine sozialdarwinistische Anschauung und damit für seine innere Haltung zu seinen vielen bösen Taten.

Allerdings muss man hier aufpassen: Während beim Gutsein eine innere Haltung bezüglich des Wahrnehmens aufgebaut wird, wird beim Bösesein eine bezüglich des Urteilens entwickelt.

Dass diese innere Haltung zum Bösesein bei Hitler aber schließlich so große Auswirkungen hatte, hatte neben den Zeitumständen wie Wirtschaftskrisen und dem antidemokratischen Klima im damaligen Deutschland vor allem mit

Hitlers demagogischen Fähigkeiten zu tun.[67] Erst so konnte er diese Anschauungen in immer größerem Maßstab in die Tat umsetzen. Und erst so wurden seine bösen Handlungen unter gleichzeitiger konsequenter Ausnutzung der sich ihm bietenden technischen Möglichkeiten – vor allem im Propaganda- und Militärwesen – immer fataler[68]. Auf diese Weise wurde er von einem lokalen Aggressor mit begrenzter Macht zuerst zu einem nationalen und schließlich zu einem europa- und weltweit agierenden Potentaten, der 1939 den Zweiten Weltkrieg auslöste. Im Laufe dieses Krieges sollen in Europa fast 40 Millionen Menschen getötet worden sein, ob in Kriegshandlungen, in Konzentrationslagern oder in sonstigen Auseinandersetzungen.[69] Für die damit zusammenhängenden bösen Handlungen trägt vor allem er die Verantwortung. Mit anderen Worten: Seine innere Haltung führte im Verein mit den demagogischen Fähigkeiten und der Ausnutzung der technischen Möglichkeiten zu bösen Handlungen in vorher nicht erreichtem Ausmaß.

Dabei wird aber auch deutlich, dass das Bösesein nicht eine von Fähigkeiten losgelöste Gesinnung ist, sondern Fähigkeiten untrennbar damit verbunden sind, und zwar in zweifacher Hinsicht:

Um böse Handlungen zu vollführen, muss man erstens etwas ausbilden, nämlich Urteile. Darum sind diese analog zu den Wahrnehmungen, die man für das Gutsein ausbildet, Fähigkeiten, selbst wenn es negative Fähigkeiten sind. Diese Urteile bilden in über längere Zeit wiederholter und ausgeprägter Form die innere Haltung zum Bösesein. Damit stellt diese Haltung ein Bündel von stets vorhandenen Fähigkeiten des Urteilens dar. Man könnte sie auch als Vorurteile bezeichnen.

Zweitens muss man in einer Mittel-Zweck-Beziehung gewisse technische Fähigkeiten einsetzen, die als Mittel dem Zweck der Urteile dienen. Denn eine böse Gesinnung bzw. ein böses Potential allein führt noch nicht zu einer bösen Handlung. Dazu muss man diese Gesinnung erst in die Tat umsetzen, was die technischen Fähigkeiten bewirken. Je geschickter man in dieser Mittel-Zweck-Beziehung vorgeht, umso böser kann man auch handeln. Dabei spielen allerdings die technischen Voraussetzungen der jeweiligen Zeit und Kultur eine große Rolle. So konnte man in der griechischen Antike mit bösen Taten noch nicht so viel Schaden anrichten wie ein Hitler im 20. Jahrhundert. Die technischen Fähigkeiten des Einzelnen zusammen mit den technischen Voraussetzungen der Zeit und Kultur bestimmen damit die Macht, die jemand bei bösen Handlungen hat. Mit anderen Worten: Die Anwendung der Mittel ist der Hebel für die Macht. Je geschickter man hier ist, umso mächtiger ist man.

Bösesein hat damit analog zum Gutsein einerseits mit Moral und andererseits mit Fähigkeiten zu tun. Auch wenn letzteres im Sprachgebrauch heutzutage nicht mehr nachvollzogen wird. Die bösen Fähigkeiten, wozu auch die gut gemeinten gehören, sind dabei im Gegensatz zu den guten zweigeteilt. Das macht auch den Unterschied von absichtsvollen und absichtslosen Handlungen aus. Während nämlich bei guten Handlungen nicht zwischen Gesinnung und technischen Fähigkeiten getrennt werden kann, kann dies bei bösen Handlungen sehr wohl getan werden, und zwar wegen der Getrenntheit des Ichs des jeweiligen Menschen von der jeweiligen Situation. Dieses Ich gibt es aber während einer guten Tat nicht. Hier besteht eine Einheit mit der jeweiligen Situation, und damit sind keine getrennten Fähigkeiten vorhanden. Darum gibt es bei guten Handlungen auch keinen gravierenden Unterschied zwischen so genannten moralischen und nicht-moralischen Handlungen, weil hier alles eins mit der jeweiligen Situation ist und dabei immer beides vorhanden ist. Auch wenn das befremdlich klingt, bedeutet das: Ein guter Klavierspieler – etwa Beethoven – handelt während des absichtslosen Akt des Tuns auch moralisch gut. Genauso wie eine Mutter Theresa mit ihren absichtslosen guten Taten auch im außermoralischen Sinne gut handelte. Diese Benennungen spielen nämlich während des Einssein mit der Situation keine Rolle.

Dieses Einssein geht dem Bösesein grundsätzlich ab. Hier findet sich der jeweilige Mensch in Trennungen wieder. Dabei gilt: Je mehr ein Mensch eine innere Tendenz zu Vorurteilen ausbildet und ausgebildet hat, umso getrennter verbringt er sein Leben. Auch wenn er in jedem Einzelfall wieder die Chance hat, eins mit der Situation zu sein, so wird ihm das viel schlechter gelingen als jemandem, der eine gute innere Haltung aufgebaut hat. Er wird darum im ganzen Leben mehr böse Taten verrichten als sein Gegenpart. Allerdings hat er jederzeit die Möglichkeit zur Umkehr.

2.4 Zusammenfassung

Obwohl sich nach dem Mittelalter der Sprachgebrauch im Deutschen so eingebürgert hat, dass der Fähigkeitsaspekt mit dem Begriff „böse" nicht mehr verbunden wurde, zeigt meine Untersuchung: Dieser Aspekt ist untrennbar mit dem moralischen Kontext verbunden.[70] Jemand benötigt nämlich sowohl urteilsbehaftete als auch technische Fähigkeiten, um eine böse Handlung zu vollführen. Darüber hinaus drückt gerade der Fähigkeitsaspekt durch seine entscheidende Trennung in urteilsbehaftete und technische Fähigkeiten den Grundzug der Trennung im Bösesein deutlich aus.

Damit ist eine Analogie zum Gutsein festzustellen, nur unter anderem Vorzeichen. Während Gutsein grundsätzlich verbindend ist und auch Moral und Fähigkeiten in der Wahrnehmung zu einem Einssein mit der Situation verbindet, trennt das Bösesein grundsätzlich, und zwar nicht nur zwischen Moral und Fähigkeiten, sondern damit verknüpft auch innerhalb der Fähigkeiten.

Um Gut- und Bösesein zu unterscheiden, hat sich damit wiederum die Differenz zwischen Wahrnehmen und Urteilen als zentral herausgestellt. So sind zwar folgende drei Kriterien aus der Philosophiegeschichte bezüglich des Böseseins, wichtig zu wissen:

1   Bösesein ist ein Handeln mit Wahlfreiheit.
2   Bösesein ist ein Handeln, in dem das Individualinteresse ungerechtfertigterweise für das Allgemeininteresse ausgegeben wird.
3   Bösesein ist ein Handeln, in dem das Konkrete durch das Abstrakte ersetzt wird.

Aber sie geben lediglich eine Orientierungshilfe, die die Wahrnehmung des Einzelfalls schulen. Denn auf diese Wahrnehmung kommt es jedes Mal an, um zu entscheiden, ob ein konkreter Diebstahl o. ä. tatsächlich eine böse Tat ist oder nicht. Nur bei der Betrachtung des Einzelfalls kann man auch sehen, wie schwerwiegend die böse Tat ist, ob sie in einer Grauzone verübt wurde oder sogar gut gemeint war. Mit anderen Worten: Diese drei Kriterien haben keine absolute Gültigkeit, dafür sind sie ohne Wahrnehmung der jeweiligen Situation zu urteilsbehaftet. Aber sie berücksichtigen schon den wichtigen kategorialen Unterschied, nicht von bösen Menschen, sondern nur von bösen Handlungen auszugehen.

Das gilt selbst für Personen wie Hitler oder Stalin, die eine bestimmte vorurteilsbehaftete innere Haltung ausgebildet und in die Tat umgesetzt haben, durch die sie in ihrem gesamten Leben um vieles mehr und schwerwiegendere böse Taten verübten als andere. Denn selbst diese Personen waren nicht immer böse.

Wichtig für meine Untersuchung ist auch der von Benoit entlehnte Erklärungsversuch für das Bösesein, dass sich damit der Ich-sagende Teil eines Menschen vor dem Nicht-Ich schützt, um damit nicht ständig an den Tod bzw. an die Nichtkontrollierbarkeit des Nicht-Ichs erinnert zu werden. Denn entscheidend ist, dass wir Menschen uns nicht auf diesen Ich-sagenden Teil reduzieren. Wir sind mehr. Das Ich ist etwas Gewordenes, das auch wieder vergeht. Wenn wir dies akzeptieren, können wir uns nämlich von unserer Egozentrik befreien und statt absichtsvoll böse, in welcher Form auch immer, absichtslos gut handeln.

3. Teil: Konsequenzen für das tägliche Leben

3.1 Allgemeine Konsequenzen

Aus dem Umstand, dass es der Ich-sagende Teil des Menschen ist, der böse handelt, gilt es Konsequenzen zu ziehen.

Erstens darf das „Erkenne Dich selbst" nicht nur isoliert auf den Menschen oder sogar nur auf seinen Ich-sagenden Teil angewendet werden, sondern muss in Beziehung zum Ganzen der Welt gesehen werden, von der der Mensch nur ein Teil ist. Hier gilt es klar zu machen, was das genau heißt. So wird in der Psychoanalyse zumindest versucht, den Menschen nicht nur auf sein Ich zu reduzieren, sondern der Mensch wird u. a. durch das Unbewusste, das sogenannte Es, erweitert. Damit wird mit Einschränkungen eine an- und abwesende Wahrheit berücksichtigt. Aber es wird in der zumindest streng an Freud orientierten Psychoanalyse hauptsächlich versucht, diesen anderen Teil, das Es, zu beherrschen und also doch wieder auf eine eindeutige Wahrheit zu reduzieren, nach dem Motto: „Wo Es war, soll Ich werden"[71]. Das „Erkenne Dich selbst" darf aber auf keine Beherrschung hinauslaufen. Sonst verschieben sich nur die Grenzen zwischen Ich und Nicht-Ich und der Kampf bleibt bestehen. D. h. die Psychoanalyse ist in ihrer Weltsicht noch immer aufs Individuum zentriert. Sie betrachtet den Menschen nicht als Teil der Gesamtwelt, sondern ihr geht es im Endeffekt auch nur um die Beherrschung der Welt bzw. des Nicht-Ichs durch das Ich.

Zweitens muss man sich klar machen, dass es gerade der individuelle bzw. Ich-sagende Teil unseres Wesens ist, der der böse Teil ist bzw. dazu neigt. Damit gilt es sich auseinanderzusetzen. Denn diesen Teil werden wir nicht einfach durch eine absichtslose Tat los. Nicht von ungefähr gibt es zu Sokrates, dem Menschen in der westlichen Philosophie, mit dem man das „Erkenne Dich selbst" am innigsten verknüpft, die folgende Anekdote:

Zopyros, ein antiker Gesichtsdeuter, sieht Sokrates' hässliches Gesicht und wirft ihm deswegen vor, er sei „dumm, viehisch, wollüstig und der Trunkenheit ergeben". Darauf antwortet Sokrates, „daß er von Natur zu allen diesen Lastern geneigt wäre, allein durch Uebung und Anstrengung diese Neigung zu unterdrücken gesucht hätte"[72].

Ohne jetzt erörtern zu wollen, ob man tatsächlich vom speziellen Aussehen eines Menschen auf den jeweiligen Charakter schließen kann,[73] ist hier festzuhalten: Sokrates war sich der Anlage zum Bösesein als Teil seines individuellen Charakters bewusst und hat sich dem gestellt. Das „Erkenne Dich selbst" hat für ihn also bedeutet, sich auch mit seinen schlechten Anlagen auseinanderzusetzen, um sie zu verbessern.[74]

Sie fragen sich nun vielleicht, wie Sie sich ihren spezifischen Anlagen zum Bösesein stellen können.

Zuerst einmal in der Selbsterkenntnis, dass wir alle gerade als individuelles „Ich-sagendes Wesen" böse sind bzw. dazu neigen. Und dass wir, um dies zu verschleiern, oft das gut Gemeinte setzen, um unser Gewissen zu beruhigen. Diese Verschleierung gilt es jedes Mal aufzudecken. Dafür ist der Merksatz „Gut ist das Gegenteil von gut gemeint" sehr geeignet. Darüber hinaus ist es unumgänglich, sich stets in Absichtslosigkeit zu üben. Das heißt nichts anderes, als sich in Ich-Befreiung zu üben. Dabei ist es wichtig, überhaupt zu erkennen, wie das geleistet werden kann. Das beinhaltet – um dies nochmals zu betonen – gerade nicht, sich zu fragen: Warum bin ich so, wie ich bin? Denn Warum-Fragen führen nur zu vermeintlichen Ursachen und Gründen und damit zu Urteilen und Schuldzuweisungen, aber nicht zu Wahrnehmungen. So verschieben wir aber nur das Problem, wie in der Psychoanalyse, und ersetzen eine Absicht durch die andere. Oder mit Benoits Worten: Wir verschieben bloß die Grenzen zwischen Ich und Nicht-Ich. Auf diese Weise schützen wir uns aber nicht vor dem Bösesein. So kommen wir nicht ins „Hier und Jetzt" und nehmen nicht wahr, weil wir so nicht lernen, der Situation gemäß zu handeln. Wir bleiben stattdessen ich-zentriert und urteilen. Die Grundsituation der Angst vor dem Nicht-Ich, die im Endeffekt für die Angst vor der totalen individuellen Auslöschung steht, wird so gar nicht angetastet.

Es bleibt darum nichts anderes übrig, als sich der Grundangst zu stellen. Nur dann stellen wir uns dem Bösesein.

Aber nicht von ungefähr verdrängen wir meistens diese Angst. Denn wir halten sie nicht aus. Es ist für uns zu schrecklich, ständig daran erinnert zu werden. Darum hat sich auch das gut Gemeinte gebildet, als Schutz vor dieser Tatsache. Darüber hinaus kümmern wir uns meist zu wenig um unsere Existenz. Stattdessen wollen wir ein gesteigertes Leben führen. Wir wollen möglichst viel erleben: Fremde Länder bereisen, in aufregende Situationen kommen oder interessante, möglichst berühmte Menschen kennen lernen. Damit meinen wir dieser Grundangst zu entgehen. So vernachlässigen wir aber gerade unsere Existenz und nehmen sie nicht wahr: Es erscheint uns zu banal und langweilig, uns vor allem mit den alltäglichen Dingen zu beschäftigen und etwa das Waschen, Putzen oder Einkaufen von Lebensmitteln gut zu bewältigen. Vieles davon empfinden und beurteilen wir nur als Last, anstatt es als Basis eines nicht egozentrischen Lebens zu sehen. Aber gerade in diesem Urteil verbirgt sich die Grundangst vor dem endgültigen Ausgelöschtwerden unseres individuellen Seins.

Dabei ist es Benoit zufolge wichtig, dass wir nicht das Auslöschen des individuellen Seins mit dem Auslöschen des Seins schlechthin gleichsetzen. Diese Verwechslung nehmen wir aber dauernd vor, und zwar genauer: Diese Verwechslung nimmt der Ich-sagende Teil unseres Seins vor. Dabei muss es jedem klar sein, dass nur unser individuelles Sein durch den Tod ausgelöscht werden kann. Das gesamte Sein, von dem wir immer ein Teil sind, auch wenn wir als Individuum nicht mehr bestehen, kann nicht ausgelöscht werden, schon gar nicht durch das Nicht-Ich. Denn das Nicht-Ich ist ja auch nur ein Teil vom gesamten Sein. Es kommt also auf die Betrachtungsweise an. Sehen wir uns als Teil des gesamten Seins, sind wir nicht auslöschbar. Nur als individuelles Sein sind wir auslöschbar. Da Benoit dem Zen-Buddhismus nahe steht, ist es für ihn so, dass er die Wirklichkeit des Ichs und des individuellen Seins grundsätzlich nicht anerkennt. Sie ist nach dieser Lehre nur Illusion. Denn dem Zen-Buddhismus bzw. überhaupt dem Buddhismus zufolge ist nur das gesamte Sein real. Und dieser Lehre zu folgen, heißt darum sich von der illusionären Sicht eines Ich-sagenden Wesens zu befreien. Denn dann urteilt man nicht mehr, sondern nimmt wahr.

Damit wäre schon ein Weg genannt, bei dem es um Ich-Befreiung und ein gutes Leben geht. Es gibt nun neben dem Buddhismus noch andere Religionen wie den Taoismus, den christlichen Mystizismus, den sufistischen Islam oder Schopenhauers und Heideggers Lehren, die einen Weg zur Ich-Befreiung aufzuzeigen versuchen. Jede dieser Richtungen versucht dazu anzuleiten, wie man absichtslos und frei vom Ich und dem damit verbundenen Wollen wird.

So lehrt der Buddhismus dazu den achtfachen Pfad.[75] Der Taoismus lehrt das Nicht-Handeln, das *wu wei*.[76] Der christliche Mystizismus und der Sufismus weisen auf die unio mystica mit Gott hin.[77] Schopenhauer stellt Kunst, Liebe und Meditation als die vom Wollen befreienden Lebensweisen dar. Und Heidegger beschreibt ein in Seinsorientiertheit gelassenes Leben, in dem man die banale und „lange Weile" der Existenz aushalten kann und nicht in Kurzweiligkeit entflieht.[78]

Vor allem die beiden erstgenannten Religionen legen dabei auf das tägliche Üben einen großen Wert. Sie zeigen, dass der Weg zur Ich-Befreiung mit einer (Selbst-)Therapie verknüpft ist, die jeder auf sich nehmen muss, ansonsten ist die Befreiung nicht möglich. Das heißt vor allem auch, dass jeder Mensch dabei seinen speziellen Weg finden muss, den ihm niemand theoretisch zeigen kann. Andere können hier nur Hinweise geben. Auch diese Religionen verstehen sich nur als Hinweise dafür. Im Endeffekt muss jeder selbst in der Änderung der Lebensweise seine Befreiung suchen. Es gibt dafür keine Patentrezepte. Erwarten Sie darum auch in diesem Buch kein Rezept, sondern sehen Sie es – wie betont – als Hinweis.

In diesem Sinne ist es wichtig, dass Sie selbst überhaupt einen Eindruck gewinnen, was Absichtslosigkeit bedeutet. Ich möchte Sie dazu anregen, einen Weg, in dieser Richtung zu gehen, der das eindrücklich klar macht, nämlich sich in Kreativität zu üben. Nicht umsonst nennt Schopenhauer die Kunst eine Weise, sich vom Willen zu befreien. Und nicht umsonst wurde oben ein Liedtext von Klaus Hoffmann besprochen. Denn wenn wir innerhalb eines kreativen Prozesses sind, sind wir mitten in einem absichtslosen Zustand, wo Leere zur Form wird. Und wer in diesem Prozess ist, spürt diese Absichtslosigkeit sehr deutlich. Er merkt, dass z. B. Musik etwas ist, was erst gut gespielt werden kann, wenn man sich frei macht vom mechanischen Abspulen vorgefasster Schemata.

Um ein tatsächliches Gespür für Absichtslosigkeit zu bekommen, rate ich darum jedem, sich eine kreative Form des Ausdrucks zu suchen, ob Literatur, Musik, Tanz oder bildende Kunst ist sekundär. Wichtig ist, dass Sie dabei für sich selbst erkennen, wie dieser Prozess in und mit ihnen geschieht, und zwar als Kommunikationsprozess. Wie dahinter keine kontrollierte Strategie steht, sondern ein sich Fügen in etwas Größeres, ein Eingehen in die Situation. Dabei gilt sogar, dass diese Art von Kreativität nicht nur auf die Künste beschränkt ist, sondern jedem Kommunikationsprozess innewohnt, der nicht auf Kontrolle, sondern auf einem Eingehen in die Situation beruht. Es liegt also keine Beschränkung in der Auswahl des Fachgebiets vor.

Dies macht vor allem Heinrich von Kleists klassische Beschreibung dafür in „Die allmähliche Verfertigung der Gedanken beim Reden"[79] deutlich. Kleist beschreibt darin u. a., wie der kreative Prozess innerhalb eines Kommunikationsprozesses vonstatten geht. Wie er von den kleinsten Kleinigkeiten innerhalb einer Situation abhängig ist. Und vor allem, wie Leute, die dafür ein Gespür haben, darauf eingehen können und sich daraus erst der Verlauf einer Situation ergibt.

Zur Veranschaulichung dessen kommentiert er eine Begebenheit aus der Französischen Revolution, in der der Revolutionär Mirabeau mit dem Zeremonienmeister des Königs Ludwig XVI. spricht:

„Mir fällt jener ‚Donnerkeil' des Mirabeau ein, mit welchem er den Zeremonienmeister abfertigte, der nach Aufhebung der letzten monarchischen Sitzung des Königs am 23. Juni, in welcher dieser den Ständen auseinanderzugehen anbefohlen hatte, in den Sitzungssaal, in welchem die Stände noch verweilten, zurückkehrte, und sie befragte, ob sie den Befehl des Königs vernommen hätten? ‚Ja', antwortete Mirabeau, ‚wir haben des Königs Befehl vernommen' – ich bin gewiß, daß er bei diesem humanen Anfang, noch nicht an die Bajonette dachte, mit welchen er schloß: ‚ja, mein Herr', wiederholte er, ‚wir haben ihn vernommen' – man sieht, daß er noch gar nicht recht weiß, was er will. ‚Doch was berechtigt Sie' – fuhr er fort, und nun plötzlich geht ihm ein Quell ungeheurer Vorstellungen auf – ‚uns hier Befehle anzudeuten? Wir sind die Repräsentanten der Nation.' – Das war es was er brauchte! ‚Die Nation gibt Befehle und empfängt keine' – um sich gleich auf den Gipfel der Vermessenheit zu schwingen. ‚Und damit ich mich Ihnen ganz deutlich erkläre' – und erst jetzo findet er, was den ganzen Widerstand, zu welchem seine Seele gerüstet dasteht, ausdrückt: ‚so sagen Sie Ihrem Könige, daß wir unsre Plätze anders nicht, als auf die Gewalt der Bajonette verlassen werden.' – Worauf er sich, selbst zufrieden, auf einen Stuhl niedersetzte. – Wenn man an den Zeremonienmeister denkt, so kann man sich ihn bei diesem Auftritt nicht anders, als in einem völligen Geistesbankrott vorstellen".[80]

Dadurch wird sehr gut beschrieben: Es sind nicht vorgefasste absichtsvolle Gedanken, die eine Situation bestimmen, sondern umgekehrt: Gedanken entstehen erst aus der Situation heraus. Ansonsten sind Gedanken für Kleist nicht verständlich. Darum befasst er sich im letzten Teil seines Essays genau mit Leuten, die versuchen, vorgefasste Gedanken in einer Situation vorzutragen und dadurch etwas „Unverständliches zur Welt bringen"[81], weil sie nicht auf die Situation eingehen.

Um Missverständnisse zu vermeiden: Das heißt nicht, dass es sinnlos ist, sich auf eine bestimmte Situation vorzubereiten und Fähigkeiten dafür auszubilden. Man sollte dabei nur immer das Sprichwort berücksichtigen: „Erstens kommt es anders und zweitens als man denkt." Denn jede noch so gute Vorbereitung schützt nicht vor den Überraschungen, die eine Situation enthalten kann. Darum sollte man dabei nicht in seinen vorgefassten Gedanken und damit im Urteilen gefangen bleiben, sondern sollte immer die jeweilige Situation und damit das Wahrnehmen im Blick haben.

In jedem Fall gilt, dass ein kreativer Prozess nicht nur dem künstlerischen Schaffen vorbehalten ist, sondern überhaupt Teil der Kommunikation ist. Kunstschaffende sind nur öfter in solchen Zuständen als andere Menschen. Dabei ist (nochmals) zu betonen: Nicht nur das Schaffen bzw. Produzieren, sondern auch das Rezipieren gehört zum kreativen Prozess. Denn Rezeption ist erstens als Wahrnehmung die zentrale Fähigkeit für die Ausübung einer kreativen Tätigkeit. Sie ist darum ebenso *Arbeit* wie das Produzieren.[82] Zweitens darf nie vergessen werden, dass auch die Rezipierenden, die Zuhörer oder Zuseher, ebenfalls Teil eines größeren kreativen Prozesses sind wie die primär Schaffenden. Das wurde gerade für die Populärkultur, wie etwa den Techno-Bereich, von Rainald Goetz und Westbam sehr eingehend beschrieben. So ist es die gesamte Situation, die vom DJ und den Gästen sowie den Wechselwirkungen zwischen beiden gebildet wird, die einen DJ bei einem Clubabend die Musik auflegen lassen, die er schließlich auflegt.[83]

Jedoch – wie schon für Beethoven, Wagner oder Picasso beschrieben – sind Kunstschaffende insgesamt keine besseren Menschen als andere; selbst wenn sie öfter in kreativen Prozessen und damit absichtslosen Zuständen sind als andere Menschen. Analoges gilt für Kunstrezipierende. Für sie alle trifft wie für uns andere Menschen zu: Die meiste Zeit handeln wir absichtsvoll und damit – wenn das im moralischen Kontext geschieht – böse bzw. in Grauzonen, und zwar deswegen weil wir uns von der Ich-Zentriertheit aus Angst nicht lösen. Denn wie die lange Geschichte des Buddhismus, des Taoismus oder auch des christlichen Mystizismus zeigt, ist der Weg, sich ganz von der Ich-Zentriertheit zu lösen oder besser gesagt: diese Therapie, etwas für wenige. Für diese wenigen gibt es auch Gut und Böse, so wie es in diesem Buch dargestellt ist, nicht mehr. Diese Unterscheidung ist für diese wenigen eine Illusion des Ich-Bewusstseins.[84]

3.2 Praktische Philosophie für den Alltag

Aber den meisten von uns ist eine Erleuchtung nicht gegeben. Wir kommen nie ganz von Urteilen los. Es ist auch ein Ideal, nur noch wahrzunehmen und keine Gedanken mehr dabei zu haben.

Das ist nicht einmal tragisch, sondern einfach normal. Niemand kann davon ausgehen, dass er den Weg zur Befreiung vom Ich tatsächlich bis zum Ende schafft. Schon ganz einfach deswegen, weil diese Befreiung nicht zu kontrollieren ist, sondern weil sie entsteht. Sie ist in vieler Hinsicht Gnade.

Darum gilt es zum Abschluss eine praktische Philosophie für den Alltag zu skizzieren, die analog zu Schopenhauers „Aphorismen zur Lebensweisheit"[85] genau diesem Umstand Rechnung trägt.

In einem lesenswerten Buch mit dem Titel „Vom Vorteil, gut zu sein"[86] versucht Niklaus Brantschen aus diesem Grund die vier klassischen Kardinaltugenden Klugheit, Gerechtigkeit, Tapferkeit und Maß für unser Leben fruchtbar zu machen. Dem möchte ich mich anschließen. Was versteht man aber überhaupt unter diesen vier Tugenden?

Klugheit

Klugheit ist eine Seinsweise und kein Besitz. Ein Mensch benötigt dafür als Basis ein gutes Gedächtnis und Lerneifer. Unter letzterem ist dabei das Gegenteil von Besserwisserei und dem Willen zum Wissen zu verstehen.[87] Es geht nicht darum, Bescheid zu wissen, sondern Wissen anwenden zu können. Allerdings ist das oft leichter gesagt als getan. Darum gilt es auch hier Fertigkeiten auszubilden, die man im Handeln konkret einsetzen kann. Darüber hinaus ist es wichtig, Selbsteinschätzung zu lernen, um zu erkennen, was man kann und was nicht. Denn dadurch kommt man der Wahrnehmung näher und enthält sich mehr und mehr der Urteile. Dadurch gewinnt man auch ein unmittelbares Verständnis von sich und den Situationen, in denen man sich befindet. Man erkennt, dass wir alle nur Teil eines Ganzen, eben des Seins, sind. Das wiederum führt zur Demut. Das bedeutet, dass man sich selbst nicht zu wichtig nimmt, sondern immer im Hinterkopf behält, dass es noch mehr gibt und dass man selbst nicht der Mittelpunkt der Welt ist.

Aber damit erfordert kluges Handeln auch die ständige Auseinandersetzung mit der Angst vor dem individuellen Tod. In dieser Angst steckt nämlich der Schlüssel zur Egozentrik. Wenn man erkennt, dass wir Menschen nicht mit unserem Ego gleichzusetzen sind, dann ist schon viel geleistet. Jedoch kluges Handeln heißt auch, nicht alles sofort zu wollen bzw. überhaupt das Wollen, egal mit welchem Ziel, als Teil des egozentrischen Tun zu sehen. Sich im Los- und Seinlassen zu üben ist darum ein wichtiger Aspekt des klugen Handelns. Dies führt am ehesten zur Absichtslosigkeit. Aber da wir alle Menschen und keine Götter sind, ist es nicht hoch genug einzuschätzen, wenn jemand auch nur auf dem Weg ist und sich redlich bemüht. Selbst wenn das noch immer absichtsvoll geschieht. Denn Fortschritte sind sowieso nicht zu kontrollieren, sie entstehen, sie sind eine Gnade. Auf sie muss man warten können. Darum gehört auch die Übung in Geduld zum klugen Handeln.

Klugheit ist als so praktizierte Seinsweise in jedem Fall die Basis für die drei anderen Tugenden. Denn wer diese Seinsweise nicht erreicht hat, hat auch in den anderen drei Tugenden noch keine Reife erzielt.

Gerechtigkeit

Diese Tugend handelt zu allererst vom Richtigsein, und zwar vom eigenen Richtigsein durch Klugheit. Zwar *schulde* ich die Gerechtigkeit grundsätzlich den anderen, eigentlich sogar der gesamten Situation, da ich nur ein Teil bin, der immer mit dem Ganzen in Verbindung steht. D. h. Gerechtigkeit zeigt sich erst im äußeren Handeln, und zwar bei jeder einzelnen Tat aufs Neue. Aber ohne selbst richtig zu sein, schaffe ich es nicht, dieser besonderen *Schuld* jedes Mal adäquat zu begegnen. Darum ist es ratsam, sich die folgenden Worte Josef Piepers einzuprägen: „Zweifellos gehört es zum Richtigsein des Menschen, nicht allein ‚das Gerechte' zu tun, sondern gerecht zu *sein*."[88] Darin steckt wiederum, dass ich eine innere Haltung einübe, die dazu führt, das Gerechte jedes Mal absichtslos zu tun. Das bedeutet jedoch auch, dass ich Gerechtigkeit nicht als äußere *Schuld* gegenüber dem anderen auffasse. Ansonsten wäre es eine äußerliche, absichtsvolle Tat.

Erst wenn ich das berücksichtige, kann ich nach dem berühmten Gerechtigkeits-Leitspruch „Jedem das Seine" verfahren. Denn nur dann kann ich in der jeweiligen Situation erfassen, was das „Seine" des Gegenübers ist, weil ich so erst erkenne, was dem Anderen zusteht und was nicht, weil ich gleichzeitig erfasse, was das Meine ist. Denn die Ausübung dieser Fähigkeit in Absichtslosigkeit beinhaltet, dass ich jedes Mal zugleich das an- und abwesende Ganze berücksichtige. Ich richte mich also im Endeffekt nicht nach irgendeiner Norm, die mir sagt, was gerecht ist und was nicht. Vielmehr akzeptiere ich, dass jegliche Norm im besten Fall nur ein Hinweis sein kann, der mich im absichtslosen Üben unterstützt. Dabei steht am Anfang wie bei der Klugheit das Bemühen, sich auf diesen Weg zu begeben, bei dem Fortschritte nicht erzwingbar sind, sondern sich nur ergeben.

Tapferkeit

Tapferkeit ist eine Konsequenz aus den beiden anderen Tugenden. Sie hat nichts mit Heroismus oder Unbesonnenheit zu tun, sondern sie ist kluges Handeln im Sinne des Richtigseins. D. h., es geht hier darum, in der adäquaten Wahrnehmung einer Situation eine absichtslose Tat auszuüben. Es geht also nicht darum, sich selbst zu verwirklichen, sondern das zu tun, was die Situation erfordert. Das hat z. B. ein Mahatma Gandhi oftmals praktiziert. Er hat nicht sein Leben aus Heldenmut eingesetzt, wie z. B. der Kampfflieger Richthofen im Ersten Weltkrieg. Vielmehr hat er in politischen Aktionen Gerechtigkeit eingefordert. Er hat damit den Gerechtigkeits-Leitspruch „Jedem das Seine" berücksichtigt und das auch von seinen Gegnern verlangt, ob in seiner Zeit in Südafrika oder in Indien. Dafür hat er auch in Kauf genommen, ins Gefängnis gesteckt zu werden.[89] Das war seine Art von Tapferkeit. Das bedeutet: Er hat mit seinen Aktionen die Situation förmlich zurechtgerückt, in dem er darauf aufmerksam gemacht hat, dass seine Gegner das Prinzip „Jedem das Seine" nicht berücksichtigen. Allerdings ist er dabei nicht selbstgerecht, sondern sogar immer demutsvoller und freier vom Ich geworden. Die Selbstgerechtigkeit ist nämlich die große Gefahr bei der Ausübung der Tapferkeit. Damit zeigt sich, ob Tapferkeit für eine „gute Sache" nicht letztendlich doch vor allem Ausdruck der eigenen Egozentrik ist. Das ist besonders bei vielen Führern von Widerstandsbewegungen festzustellen. Diese kämpfen zuerst für eine „gute Sache", z. B. gegen koloniale Unterdrücker, etablieren dann aber, wenn sie selbst an die Macht kommen, ebenfalls ein Unrechtsregime. Darum ist es einem Nelson Mandela nicht hoch genug anzurechnen, dass er einerseits nach seiner überwältigenden Wahl zum Präsidenten die Demokratie nie in Frage gestellt und andererseits die Macht nach wenigen Jahren abgegeben hat. Vielmehr hat er sich selbst nur als Übergangspräsident in Südafrika gesehen.[90]

Dass ich damit bisher nur tapfere Handlungen von herausragenden Menschen herausgestellt habe, darf nicht darüber hinwegtäuschen, dass es auch in unser aller Alltag immer wieder Fälle gibt, in denen zum Zurechtrücken der Situation Tapferkeit verlangt ist: wenn z. B. unser Chef in einem Meeting ungerechterweise einen Kollegen demütigt. Auf der anderen Seite gibt es auch im Alltag oft die als Tapferkeit maskierte Egozentrik, bei der sich Mitmenschen zu selbstgerechten Führern von gemeinnützigen Vereinen oder sonstigen Gruppierungen machen.

Maß

Diese Tugend folgt aus dem Richtigsein und Erkennen des Meinigen in der Berücksichtigung des Ganzen. Sie ist keine hohle Disziplin, die die sinnlichen Lüste verdammt. Es geht hier vielmehr darum zu realisieren, was für mich das richtige Maß ist und was nicht. Ich kaufe ja auch keine Hose ein, die nicht passt, sondern deren Maß stimmt. Analoges sollte man für sich beim Essen, Trinken, Geld ausgeben, Sex etc., aber auch bei Gefühlen oder bei Beziehungen zu Freunden überprüfen:

Esse ich denn wirklich, was mir schmeckt? Nehme ich mir überhaupt genug Zeit dafür? Erfahre ich es tatsächlich als sinnlichen Genuss, oder will ich mir nur den Bauch voll schlagen?

Oder trinke ich Alkohol, weil ich damit irgendwelche Probleme verdrängen will? Brauche ich einen bestimmten Pegel, weil ich mich sonst nicht wohl fühle? Bin ich vielleicht schon körperlich abhängig davon?

Oder kaufe ich stets, wenn ich mieser Laune bin, etwas ein? Muss ich Dinge, die ich sehe, einfach haben? Wäre es nicht besser, zuerst zu prüfen, ob ich die Dinge, die ich kaufe, wirklich brauche?

Oder sehe ich Sexualpartner nur als Lustobjekte, mit denen ich sonst überhaupt keine Beziehung will? Ist denn überhaupt Zärtlichkeit möglich?

Oder kenne ich nur extreme Gefühle? Bin ich entweder „Himmel hoch jauchzend" oder „zu Tode betrübt"? Sind die Zwischentöne, die vor allem für die Wahrnehmung einer Situation wichtig sind, bei mir gar nicht vorhanden?

Oder kann ich nicht allein sein? Muss ich stets jemanden um mich haben?

Die ehrliche Beantwortung dieser Fragen und das Ziehen von Konsequenzen daraus hat mit der Tugend des Maßes zu tun. Denn so lerne ich mich kennen und weiß, was für mich richtig ist und was nicht. So finde ich das richtige Maß für mich im Leben.

Allerdings gilt auch hier: Es gibt keine Norm dafür. Auch kann man diese Fragen nicht ein für alle Mal beantworten, sondern sie stellen sich immer wieder neu. Es gibt je nach Situation andere Antworten darauf. Schließlich ist es auch hier so, dass man Fortschritte nicht erzwingen kann, weil es um die absichtslose Ausübung einer Fähigkeit geht.

Insgesamt kann man für alle vier Tugenden betonen: Wie beim Gutsein allgemein geht es auch bei ihnen immer darum, dass wir weniger unser Ich als die an- und abwesende Gesamtsituation im Blick haben.[91] Wir sind stets immer nur ein Teil von etwas viel Größerem. Das sollte immer berücksichtigt werden. Darum gilt es konkret, sich davor zu hüten, Macht zu ergreifen, wenn man ihr nicht gewachsen ist und zu egozentrisch vorgeht. D. h., wenn man vor allem in Mittel-Zweck-Beziehungen denkt und Urteile durch davon getrennte technische Fähigkeiten in die Tat umsetzt, ist Vorsicht geboten. Denn durch diese innerliche Trennung ist man geneigt, auch äußerlich zu trennen und andere Menschen als Mittel für seine urteilsbehafteten Zwecke zu begreifen. Das geschieht nicht nur – wie oben für Hitler gezeigt – im politischen Bereich, sondern ist auch im privaten Umfeld oft zu beobachten: Z. B. wenn ein Vater unbedingt will, dass sein Sohn einen bestimmten Beruf ergreift und ihn so lediglich als Mittel zur Erfüllung des eigenen Zwecks sieht. Hier gibt Kants Vorgabe eine gute Orientierungshilfe: Betrachte andere Menschen nie als Mittel, sondern immer selbst als Zwecke.[92]

In diesem Sinne sind die folgenden vier Erzählungen zu verstehen, in denen jeweils versucht wird, eine Kardinaltugend zu veranschaulichen.

Von der Klugheit

Günter, ein ehemaliger Kommilitone, fiel seit jeher dadurch auf, dass es ihm tatsächlich ums Lernen ging und nicht ums Wissen. Während wir anderen in unserem Medizinstudium vor allem darauf aus waren, unsere Prüfungen gut zu bestehen, reichte ihm das in keiner Weise. Er wollte Krankheiten immer auf den Grund gehen. Die Multiple-Choice-Aufgaben in den Prüfungen, ob im Physikum oder in den Staatsexamen, fand er darum kontraproduktiv. Da wäre erstens zu viel Glück beim Beantworten im Spiel, weil man durch das bloße Ankreuzen auch ohne Ahnung manchmal Erfolg haben könne, so sagte er mir einmal. Zweitens werden da keine oder viel zu wenig Zusammenhänge geprüft. Aber die zu verstehen, das mache einen guten Mediziner aus. Leute, die vor allem die Prüfungen der letzten 10 Jahre durchackerten, betrachtete er darum nur mit einem Kopfschütteln. Denn das käme für ihn nahe ans reine Auswendiglernen heran, habe aber nichts damit zu tun, dass man wirklich verstand, worum es bei bestimmten Krankheiten ging. Natürlich müsse man sich beispielsweise anatomische Kenntnisse auch durch Auswendiglernen erwerben. Aber wenn man die Zusammenhänge erkennt, bleibt viel mehr hängen und man wird dadurch erst zu einem Menschen, der seinen hippokratischen Eid mit dem Bewusstsein schwören kann, dass er tatsächlich seine volle Leistung und Energie in die Medizin steckt. „Lernen" bedeutete für ihn vor allem, eine differenzierte Wahrnehmungsfähigkeit zu erlangen. Blickdiagnostik, aber überhaupt alle Untersuchungstechniken und natürlich auch eine genaue Anamneseschulung hatten es ihm darum angetan. Er wollte auf diese Weise genau lernen, wie er einem Kranken jeweils am besten helfen kann. Er wollte sich nicht hinter irgendwelchen medizinischen Geräten verstecken. Zwar sah er Geräte nicht als Feind des Mediziners an, nur meinte er, man müsse diese Geräte auch adäquat einsetzen lernen und dürfe seine eigentliche Tätigkeit nicht an diese Geräte abgeben. Das gleiche gelte für Medikamente. Auch hier dürfe man seiner Meinung nach nicht zu schnell bei der Hand sein.

Als es schließlich darum ging, sich zu spezialisieren, brauchte er längere Zeit als wir anderen. Das hing nicht damit zusammen, dass er ein Zauderer war. Er wollte nur genau abwägen, was ihm am besten lag. Finanzielle Gründe oder Modetrends ignorierte er vollends. Er sagte immer, er vergönne zwar jedem Schönheitschirurgen, Zahnarzt oder Orthopäden das Geld, das er verdiene, aber das Seine sei das nicht. Als er zum Schluss vor der Wahl stand, entweder in die psychologisch/psychiatrische Schiene oder in die onkologische Schiene zu wechseln, entschied er sich für Ersteres. Das fand ich sehr schade. Denn ich kannte keinen anderen meiner ehemaligen Mitstudenten, der so zielsicher Diagnostiken körperlicher Krankheiten stellen konnte. Ich hatte das Gefühl, damit entging den Kranken jemand, der sehr früh ihre lebensbedrohenden Krebskrankheiten hätte feststellen können und damit durch früh genug eingeleitete Gegenmaßnahmen viele Leben hätte retten können. Das sagte ich ihm auch. Er nahm diesen Einwand nicht leicht, sagte mir aber: Auch wenn ich recht hätte, so wäre er auch in somatischen Gebieten kein Wunderdoktor. Er hätte aber vor allem während der Famulaturen bzw. der Arbeit in Krankenhäusern entdeckt, dass er schwer mit todkranken Patienten umgehen könne. Ihn nehme deren Schicksal zu sehr mit. Er müsse sich hier schützen. Das ginge ihm bei psychisch Kranken nicht so. Da könne er sich viel besser abgrenzen, auch wenn diese schwere psychotische Krankheiten hätten.

Ich konnte seine Argumente verstehen, auch wenn ich es schade fand. So wurde er Psychoanalytiker, der sich aber von der Orthodoxie der verschiedenen Schulen abwendete und für viele ein Außenseiter blieb. Viele seiner Kollegen ließen kein gutes Haar an ihm, was allerdings vor allem darauf zurückzuführen war, dass er ihnen immer wieder ihre Fehler vorhielt.

Ich lernte einmal in meiner Praxis einen Kranken kennen, der bei ihm in Behandlung war. Ich hatte noch nie jemanden mit so viel Respekt von seinem Arzt reden hören, und damit meine ich nicht Bewunderung oder Faszination. Der Mann weigerte sich fast, über meinen ehemaligen Mitstudenten zu sprechen. Aber was er sprach, war von tiefem Dank erfüllt, dass er in ihm tatsächlich einen Menschen gefunden habe, der seine seelische Pein ernst genommen habe. Darum habe er ihm auch vollstes Vertrauen entgegen bringen können, auch weil finanzielle Erwägungen überhaupt keine Rolle gespielt hätten.

Von der Gerechtigkeit

Mit 19 Jahren zog ich von zu Hause aus und begann BWL (Betriebswirtschaftlehre) zu studieren, so erzählte mir ein jetzt 35-jähriger Bekannter. Dabei lernte ich an der Uni schnell Leute kennen; und zwar sowohl in den Lehrveranstaltungen als auch im Uni-Chor. Heute habe ich mich bis auf eine Person von allen diesen Leuten gelöst, weil ich mich damals nie wohl fühlte mit ihnen. Ich fühlte mich nie als der berücksichtigt, der ich bin. Aber das merkte ich erst nach einigen Jahren. Vor allem fiel mir da auf, dass es den anderen im Grunde genommen genauso geht. Die ersten Jahre aber meinte ich, es wäre mit diesen Leuten ganz nett.

Es waren, um genau zu sein, mit mir acht Personen, fünf Jungs und drei Mädchen. Wir bildeten sozusagen eine Clique. Alle studierten wir BWL und alle sangen wir im Uni-Chor. Wir fuhren auch mehrmals zusammen in Urlaub. Beim letzten gemeinsamen Urlaub in Sardinien aber konnte man große Auflösungsspuren erkennen. Das hing vor allem mit Markus und Toni zusammen, neben mir, Klaus und Kurt die männlichen Personen in dieser Clique. Beide hatten mit den drei Mädchen in den letzten Jahren etwas. Aber beide ließen sie nach einer gewissen Zeit hängen, obwohl die Mädchen in diesen Jahren nie so ganz loskamen von ihnen. So war auch viel Eifersucht zwischen den drei Mädchen – Susi, Annette und Connie –, was zu vielen Reibereien gerade bei diesem letzten Urlaub führte. Aber ich konnte die Mädels irgendwie verstehen: Markus und Toni waren so etwas wie *Ankommer* und gleichzeitig Leute, die den Ton angeben. Dabei schaffte das Markus durch seinen Charme und seine Gewitztheit, während Toni das durch sein tolles Aussehen erreichte. Sie waren stadtbekannte *Womanizer*. Dabei traten sie oft zu zweit auf. Sie kannten sich auch schon seit der Grundschule und lebten irgendwie in einer symbiotischen Beziehung. Natürlich lebten sie auch in einer gemeinsamen Studentenbude. Connie, meine jetzige Ehefrau, meinte allerdings später: Beide konnten sich auf nichts länger einlassen. Die waren ihr zufolge beziehungsunfähig!

Wie angedeutet, nach diesem Urlaub löste sich unsere Clique auf. Connie, die zum Schluss sehr an Toni hing, rief mich aber immer noch an, um über ihre Probleme mit ihm zu reden. Sie erzählte mir später, dass sie dabei langsam merkte, dass ich ihr schon allein mit dem Zuhören das geben konnte, was ihr Toni nie gab, nämlich sie so sein zu lassen, wie sie ist. Ich muss gestehen, dass mir Connie nie gleichgültig war. Ich hatte schon sehr früh ein Auge auf sie geworfen. Aber lange gab ich mich damit zufrieden, dass ich gegenüber den beiden *Womanizern* keine Chance hatte. Neben Neid und Eifersucht, muss ich zugeben, mischte sich auch Bewunderung für Markus und Toni. Andernfalls – so erkläre ich es mir heute – hätte ich nicht so lange ihre Bekanntschaft gesucht. Denn eigentlich waren sie Kotzbrocken. Sie mussten immer im Mittelpunkt stehen und machten oft Scherze auf Kosten anderer. Es gab darum auch mehr eine Hackordnung in dieser Clique als ein Verhältnis Gleicher zu Gleichen. Das ist jetzt – Gott sei Dank – anders. Connie und ich merkten, dass sich zwischen uns mehr entwickeln könnte. Das hängt vor allem damit zusammen, dass wir den anderen so akzeptieren, wie er ist. Das bedeutet jedoch nicht, dass wir alles an dem andern gut finden. Natürlich nervt noch immer etwas an dem andern. Aber wir wissen beide trotzdem, wie schön es ist, dass es den andern gibt. Diese Basis lässt uns vieles lockerer sehen. Wir können darum dem andern auch die Fehler, die wir sehen, benennen, ohne dass daraus sofort ein Drama entsteht. In diesem Sinne suchten und fanden wir auch Freunde. Freunde, bei denen wir spüren, dass sie wirklich uns meinen. Und an denen uns tatsächlich etwas liegt. Das sind zwei Paare, Elke und Peter sowie Natalie und Werner. Alle in unserem Alter. Natürlich gibt es auch mit denen Reibereien, aber nicht um der Macht willen. Denn genauso wie zwischen Connie und mir besteht zwischen unseren Freunden und uns eine Vertrauensbasis. Dabei ist es auch in diesem größeren Kreis möglich, sowohl Fehler bei anderen zu benennen als auch diese selbst einzugestehen. So waren wir auch mit denen öfter in Urlaub, und der gestaltete sich völlig anders als früher. Wenn es z. B. Elke schlecht geht – sie hat eine chronische Krankheit namens Colitis ulcerosa –, ist es klar, dass wir darauf Rücksicht nehmen und eben dann eine Wanderung abbrechen und etwas ihr Gemäßes unternehmen. Das wäre früher nie vorgekommen. Markus und Toni waren da gnadenlos. Einmal wollten sie unbedingt eine Fahrradtour mit fast 200 Kilometern an einem Tag durchziehen, obwohl die Mädels nach der Hälfte nicht mehr konnten und zurückblieben. Auch ist es so, dass wir uns jetzt öfter mit Geld aushelfen. Connie hat nämlich viel geerbt. Für sie war es klar, dass sie Natalie, die sich gerade eine Heilpraktikerpraxis aufbaut, unterstützt. Auch ich hatte dafür vollstes Verständnis. Und wie gesagt, wir haben Vertrauen zu unseren Freunden. Allerdings, als Peter sich für ein neues Auto Geld leihen wollte, obwohl sein altes noch sehr gut war, konnten wir ihm auch sagen, dass wir das für eine unnötige Geldausgabe halten. Dafür wollen wir ihm Connies Geld nicht überlassen; auch nicht als Kredit, für den er gewisse Zinsen zahlt. Peter hat zuerst geschluckt, aber er hat uns verstanden. Ich kann bis jetzt nicht erkennen, dass er uns etwas nachträgt. Ich möchte gar nicht wissen, wie Markus früher in uns gebohrt und welche Tricks er angewendet hätte, wenn er an Peters Stelle gewesen wäre.

Nein, hier hat sich zu unserem Glück vieles zum Guten verändert.

Von der Tapferkeit

Irene Huber ist jetzt 55 Jahre alt. Sie ist alleinstehend und gelernte Übersetzerin. Vor etwa zehn Jahren passierte ihr in ihrem Job in einem kleinen Unternehmen für In- und Export landwirtschaftlicher Nutzfahrzeuge Folgendes: In ihrem Arbeitsvertrag war ganz genau geregelt, was ihre Aufgabe war. Das heißt nicht, dass sie sich weigerte, auch andere Tätigkeiten, wenn Not am Mann/an der Frau war, zu tun. Aber als ihr damals nach fünf Dienstjahren eine neu eingestellte Übersetzerin vorgezogen wurde und sie nur noch Telefondienst machen musste, ging sie zu ihrer Vorgesetzten, um freundlich darauf aufmerksam zu machen, dass diese Tätigkeit nicht Teil der Arbeitsvereinbarung war. Da die Vorgesetzte bisher nie Kritik an ihren Übersetzungen vernommen hatte, fragte sie die Vorgesetzte auch, was es für einen Grund gebe, dass man sie nicht mehr vertragsgemäß beschäftige. Die Vorgesetzte, eine Verwandte des Firmenchefs, erwiderte darauf barsch, sie solle froh sein, dass sie in dieser wirtschaftlich schlechten Zeit überhaupt noch Arbeit habe und wenn ihr etwas nicht passe, könne sie ja kündigen. Irene Huber insistierte weiterhin freundlich, dass das keine Antwort auf ihre Frage sei. Darauf meinte die Vorgesetzte nur, sie sei ihr keine Rechenschaft schuldig und sehe das Gespräch hiermit für beendet an. Irene Huber sprach daraufhin mit ihren Kollegen und Kolleginnen, im Übrigen auch mit der neuen Übersetzerin, mit der sie, wenn auch kein herzliches, so doch ein nicht unkollegiales Verhältnis hatte. Ein Kollege erzählte ihr dabei durch die Blume: Die neue Übersetzerin namens Berta Müller sei die neue Freundin des Firmenchefs. Ihre Einstellung sei also genau auf diesen Umstand zurückzuführen. Da sie selbst wisse, dass in ihrer Firma nur Arbeit für eine Übersetzerkraft sei, könne sie sich ausrechnen, dass sie deswegen den Kürzeren ziehe, auch wenn sie noch so gut wäre. Irene Huber sprach daraufhin nochmals mit der neuen Übersetzerin. Sie erzählte zwar nichts von ihrem Insiderwissen, fragte aber ihre neue Kollegin offen, wie sie dazu stehe, dass man ihr ohne jede Erklärung ihr Arbeitsgebiet entzogen habe und sie jetzt Telefondienst leisten müsse. Berta Müller wich aus, sagte, dass es ihr leidtue, dass sie aber auch nichts dafürkönne. Irene Huber ließ aber nicht locker, worauf sich Berta Müller mit einem vorgeschobenen Grund entschuldigte und das Gespräch abbrach.

Am nächsten Tag bekam Irene Huber eine Abmahnung, dass sie ihre Tätigkeit nicht zufriedenstellend ausfülle. Das war der Punkt, wo sie – da es in ihrer Firma keinen Betriebsrat gab – einen Rechtsanwalt einschaltete, dem sie die ihr zugrunde liegenden Fakten genau erklärte. Dieser schrieb ihrer Firma daraufhin einen Brief, woraufhin die Vorgesetzte Irene Huber zu sich bestellte, um ihr in erbostem Ton zu sagen, was ihr einfalle, einen Rechtsanwalt zu beauftragen. Damit habe sie die innerbetriebliche Vertrauensbasis zerstört. Ihr wurde offen mit Kündigung gedroht. Zum Schluss ließ die Vorgesetzte aber auch einfließen, dass sie – wenn sie keine juristischen Schritte mehr unternehmen würde – als Telefonistin weiterarbeiten könne. Irene Huber sprach darauf nochmals mit Berta Müller und fragte sie, ob sie von diesen Vorfällen wüsste. Berta Müller verneinte und brach dann das Gespräch mit der Erklärung ab, sie müsse etwas Wichtiges erledigen. Darauf versuchte Irene Huber einen Termin mit dem Firmenchef zu bekommen, wurde aber abgespeist damit, dass der für sie nicht zu sprechen sei. So ging Irene Müller erneut zu ihrem Rechtsanwalt und erzählte ihm von der neuen Lage. Der machte ihr klar, dass sie juristisch zwar viele Chancen habe, ihr Recht zu bekommen, aber auch realisieren müsse, dass das Klima mittlerweile in dieser Firma für sie so vergiftet sei, was ein normales Weiterarbeiten fast unmöglich mache. Er schlage darum vor, dass es ihr Ziel sein müsse, eine so große Abfindung wie möglich herauszuschlagen. Irene Huber lehnte das ab: erstens, weil das für sie hieße, dass sie mit 45 Jahren arbeitslos wäre und sie in ihrem Alter keine große Chance auf einen neuen adäquaten Job hätte. Zweitens könne man ihr nichts vorwerfen. Sie hätte immer alles zur vollen Zufriedenheit gemacht. Darum wolle sie auch diese schwierige Lage jetzt durchstehen. Der Rechtsanwalt schrieb ihrer Firma darauf erneut einen Brief mit dem Hinweis, dass diese den Vertrag, den sie mit Irene Huber geschlossen habe, erfüllen müsse. Daraufhin wurde Irene Huber fristlos gekündigt. Der Wiedereinstellungsklage wurde zwar prompt stattgegeben. Aber bis zu einer Gerichtsverhandlung wurde Irene Huber von ihrer Arbeit – wenn auch unter vollen Bezügen – freigestellt. Nach vier Monaten fand diese Gerichtsverhandlung statt. Nach weiteren drei Monaten kam das Urteil, das ihr voll und ganz recht gab. Aber die Firma ging, während sie daneben auch versuchte, das Ganze außergerichtlich mit Hilfe einer Ablösung zu lösen, in die nächsthöhere Instanz. Irene Huber hielt an ihrer Meinung fest: Sie wolle ihren alten Job wieder. Nach einigen Jahren war es dann so weit: Auch die letzte Instanz hatte ihr recht gegeben. Sie ging daraufhin wieder in ihr altes Büro. Berta Müller, die mittlerweile nicht mehr mit dem Firmenchef befreundet war, war nicht mehr da. Trotzdem war das Arbeitsklima anfangs sehr schlecht, um nicht zu sagen: zerrüttet. Denn ihre Kollegen gingen anfangs auf Distanz zu ihr. Sie hatten Angst, dass sie es sich durch Freundlichkeit zu ihr mit der Firmenleitung verderben würden. Darüber hinaus machte ihre frühere Vorgesetzte, auch wenn sie jetzt nicht mehr für sie zuständig war, klar, was sie von ihr hielt. Trotzdem gab Irene Huber nicht klein bei. Und nach einem Jahr tauten zumindest die alten Kollegen wieder auf. Als schließlich der alte Firmenchef von einem jüngeren abgelöst wurde, konnte man sogar sagen, dass das Arbeiten für Irene Huber wieder normale Züge annahm.

Vom Maß

Alfons Mittermeier, ein kleiner Angestellter bei einer großen Versicherungsagentur, lebte in der Aktienboomzeit in den 90er Jahren in München. Er war damals Mitte 40, verheiratet mit einer drei Jahre jüngeren Frau, die als Hausfrau in einer Mietwohnung die beiden Söhne mit neun und zwölf Jahren versorgte. In dieser Aktienboomzeit kaufte und verkaufte auch er immer wieder Aktien. Allerdings war es so, dass er sich zuerst eingehend informierte. Er las sich also in die Materie ein und verfolgte bestimmte Aktienkurse. Erst nach mehr als sechs Monaten Recherchen kaufte er sich die ersten Aktien, und zwar auch nur von dem Geld, das er tatsächlich übrig hatte, sozusagen sein Taschengeld. Er wollte nicht, dass seine Familie wegen seines Hobbys – so sah er das Aktienkaufen – auf irgendetwas verzichten müsse. Seine Kollegen belächelten ihn ein wenig, da sie meinten, man könne in dieser Boomzeit nichts falsch machen. Sie kauften sofort in großem Maßstab, und tatsächlich stiegen ihre Aktien in den sechs Monaten, in denen Alfons Mittermeier sich noch informierte, nicht unbeträchtlich. Er gratulierte seinen Kollegen dazu, sagte aber auch: Er mache das Ganze nicht, um reich zu werden, sondern nur als netten Zeitvertreib. Solange er die Miete bezahlen könne, mit seiner Familie einmal im Sommer und einmal im Winter in Urlaub fahren könne und den Kindern, vom Finanziellen her gesehen, offenstehe, eine höhere Schule zu besuchen, sei er sehr zufrieden. Alles andere sei Überfluss. Seine Kollegen erwiderten darauf nur: So könne er sich nie ein Haus am Stadtrand leisten, obwohl doch im Moment die Chance, das nötige Geld dazu durch Aktien zu verdienen, sehr groß sei.

In der Boomzeit kaufte er neben anderen vor allem Aktien einer bestimmten Computerfirma, nennen wir sie X. Die X-Aktien stiegen in den ersten beiden Jahren stetig, so dass ihm seine Kollegen wieder rieten: Er könne es doch jetzt sehen, wie leicht es sei, mit Aktien Geld zu verdienen. Es wäre doch jetzt dumm, nicht mehr Geld in diese Aktien zu investieren.

Alfons Mittermeier konnte darauf nur wiederholen: Das Ganze sei für ihn nur ein netter Zeitvertreib. Als seine Kollegen weiter in ihn drangen, sagte er: Der Genuss bei der Sache sei neben einem gewissen Nervenkitzel für ihn nicht, das große Geld zu verdienen, sondern besser zu realisieren, nach welchen Kriterien Aktienkurse steigen und fallen. Seine Kollegen meinten darauf: Dann brauche er doch gar nicht mit Aktien spekulieren. Was nütze ihm denn sein ganzes Wissen, wenn er es nicht auch möglichst effektiv einsetzen würde. Aber Alfons Mittermeier meinte nur: Er empfinde so einen gewissen spielerischen Nervenkitzel. Das genüge ihm. Mehr brauche er nicht. Andernfalls wäre zu viel Ernst dabei, und er empfände es als Sucht. Darum wolle er nie große Beträge einsetzen. In dieser Weise unterhielt er sich sehr viel mit seinen Kollegen über diese Materie, auch z. B. über Optionsscheine, mit denen man vom Kursanstieg oder Kursfall bestimmter Aktien – je nach Optionsschein – potenziert gewinnen oder verlieren kann. Er selbst aber kaufte wiederum nur ganz zaghaft solche Optionsscheine, obwohl er mit seinen Tipps meistens richtiglag. Vor allem ein Kollege, Hans Biendl, profitierte immer wieder von seinen Tipps. Biendl kaufte nämlich oft genau die Optionsscheine in sehr großer Zahl, von denen Alfons Mittermeier nur wenige kaufte, und verdiente damit sehr viel Geld.

Als das die anderen Kollegen sahen, lachten sie Alfons Mittermeier einerseits aus und sagten ihm, er lasse sich von Hans Biendl ausnutzen. Andererseits versuchten sie selbst von seinen Tipps zu profitieren und machten es Hans Biendl nach.

Alfons Mittermeier nahm das gelassen hin. Er befolgte auch nicht den *gut gemeinten* Vorschlag eines anderen Kollegen namens Josef Dallinger, er solle doch entweder seine Tipps nicht so offen den anderen sagen, die nur davon profitieren wollten, oder wenigstens davon selbst dahingehend profitieren, dass er für seine Tipps Geld verlange. Denn seine Kollegen würden nach der bisherigen Trefferquote seiner Tipps auch Geld dafür bezahlen.

Aber Alfons Mittermeier bedankte sich darauf nur und sagte nicht nur diesem Kollegen, sondern allen, die es hören wollten: Es werden auch schlechtere Zeiten kommen, in denen auch seine Tipps nichts mehr nützen würden. Er möchte darum in keiner Weise daran schuld sein, dass jemand Geld verliere. Er selbst – wie gesagt – mache es sowieso nur zum Zeitvertreib. Er habe seinen wahren Gewinn dabei ständig, auch wenn er verliere, weil er diesen gewissen spielerischen Nervenkitzel spüre und immer mehr Ahnung von der Materie habe.

Und natürlich kam dann der Börsencrash. Alfons Mittermeier sah das in vieler Hinsicht voraus, machte darum bescheidene Gewinnmitnahmen. Denn er musste seine Aktien und Optionsscheine nicht unbedingt zu Höchstkursen verkaufen. Wenn er der Meinung war, dass ein Kurs einer Aktie sich nicht mehr erhole, verkaufte er auch mit Verlust. So waren seine Verluste wie allerdings auch seine Gewinne nie groß. Zeitweise stellte er den Kauf von Aktien und Optionsscheinen ganz ein, weil er meinte: Das Ganze sei jetzt viel zu unsicher. Hier folgten ihm die wenigsten seiner Kollegen. Erstens warteten viele zu lange mit Gewinnmitnahmen. Zweitens weigerten sie sich anzuerkennen, dass sie manches besser mit Verlusten verkaufen sollten. Drittens konnten sie nicht mehr aufhören, und zwar weil es für sie einerseits zur Sucht wurde und weil sie andererseits zum Schluss viel zu viel verloren hatten und das nicht wahrhaben wollten.

Hans Biendl hörte darum leider gegen Ende nicht mehr auf Alfons Mittermeier. Im Gegenteil, nachdem er zweimal nach Tipps von seinem bescheidenen Kollegen Verluste gemacht hatte, orientierte er sich anderswo und verlor nicht nur alles, was er vorher gewonnen hatte, sondern noch vieles mehr. Nur Josef Dallinger nahm sich auch in dieser schlechten Zeit ein Beispiel an Alfons Mittermeier und fuhr damit sehr gut. Von allen Kollegen hatte er zum Schluss am meisten Gewinn eingefahren und konnte sich davon sogar ein Haus am Stadtrand kaufen. Die anderen Kollegen wollten Alfons Mittermeier darum gegen Josef Dallinger aufstacheln und sagten ihm öfter: Das hätte der nur seinen Tipps zu verdanken. Aber das gelang ihnen nicht. Er gönnte Josef Dallinger seinen Gewinn und das Haus und ließ sich auch gern von diesem dorthin einladen, ohne Neid zu spüren.

Josef Dallinger wusste das zu schätzen und zeigte sich Alfons Mittermeier auch deshalb seither in vieler Hinsicht dankbar.

Schluss

Damit hoffe ich, liebe Leserin, lieber Leser, dass ich Ihnen nicht nur die vier Kardinaltugenden veranschaulichen konnte, sondern auch, was Gut- und Bösesein genauer heißt.

Ich wünsche mir in jedem Fall, dass es Sie nicht abschreckt, zu versuchen, das Gute in der Absichtslosigkeit selbst in Ihrem Alltag zu verwirklichen und dafür Fähigkeiten auszubilden. Auch wenn es nur teilweise gelingt. Das ist eben menschlich! Es genügen dabei anfangs schon ganz kleine Schritte.

Denn auch wenn ich den Zusammenhang von Gutsein, Fähigkeiten und Absichtslosigkeit sehr strikt formuliert habe, so zeigen die Geschichten zu den Kardinaltugenden, dass jeder im Alltag damit beginnen kann. Es sind damit auch keine großen heroischen Taten verbunden, sondern es ist vielmehr wichtig, sich treu zu sein und sein Ego langsam abzubauen.

Zentral ist, dass Sie Ihre Wahrnehmung schulen, so dass Sie sich deutlich machen können, was die Frage nach dem Guten überhaupt für Sie konkret heißt. Darum hat auch zu putzen oder abzuwaschen mit Gutsein zu tun, wenn Sie diese Tätigkeit in Absichtslosigkeit ausüben. Das bedeutet: Wenn Sie hier eine Fähigkeit des achtsamen Tuns ohne zu urteilen einüben, sind Sie schon einen großen Schritt weitergekommen und haben sich in dieser Situation von einer ich-zentrierten Haltung ein Stück gelöst.

Allerdings werden Sie oft genug erkennen müssen, dass es anfangs nur mit Mühe geht und dass es immer wieder ein Geschenk ist, wenn dabei Absichtslosigkeit herauskommt. Aber lassen Sie sich davon nicht abschrecken, und bauen Sie vor allem nicht das Ideal auf, absichtslos zu sein. Das klappt nicht, weil da wiederum eine Absicht dahintersteckt. Im Endeffekt können Sie darum nur immer darauf warten, dass sich dieses Geschenk ergibt und Absichtslosigkeit entsteht. Und je öfter diese entsteht, umso mehr bildet sich daraus eine innere Haltung des Gutseins heraus. Sie müssen dabei nur akzeptieren, dass Sie das nicht willentlich steuern können. Hier loslassen zu können ist sehr wichtig.

Gutsein im Alltag kann ebenso bei größeren Problemen erreicht werden. Man muss dabei beileibe kein Heiliger sein. Auch wenn es bei (größeren) Problemen schwieriger ist, dass dabei das Geschenk der Absichtslosigkeit entsteht, so ist es auch hier nicht unmöglich. Aber leider ist es vielfach so, dass wir uns unter Druck schlechter als Teil des Ganzen wahrnehmen können, als wenn wir uns in einer gelösten Situation befinden. Trotzdem zeigt sich, dass ganz normale Menschen auch hier gut sein können, selbst wenn dies nicht in dem gleichen Grad der Fall ist wie in problemlosen Situationen. Dabei haben problematische Situationen sogar einen Vorteil. Sie machen deutlich, wie sehr Sie gerade zu sich stehen können. Verwechseln Sie das jedoch nicht damit, wie Sie Ihr Ego verteidigen oder zementieren, sondern sehen Sie es als die Art und Weise, wie sie in schwierigen Situationen einen Überblick behalten können und eben klug, gerecht, tapfer sowie maßvoll handeln. Auf das kommt es in schwierigen Situationen besonders an. Wenn Sie ansonsten ein gieriger Mensch sind und keine guten Fähigkeiten ausgebildet haben, wird sich das in schwierigen Situationen ganz besonders herausstellen. Sie werden dann hauptsächlich vom Wollen regiert sein, aber nicht wahrnehmen können, in welcher Situation sie überhaupt sind. Hier zeigt sich das „Gut ist das Gegenteil von gut gemeint" am deutlichsten. Denn das Gutgemeinte, was hierbei nur eine andere Beschreibung für das Wollen ist, nützt Ihnen dabei wenig.

Stattdessen ist es geraten, Absichtslosigkeit einzuüben, um gut zu sein. Denn auch im geschichtlichen und soziokulturellem Rahmen zeigt sich immer wieder: Nur wer gut im Sinne von „absichtslos" handeln kann und nicht wer gut meinend ist, kann auch in schwierigen Situationen adäquat handeln. Herausragende Beispiele dafür sind Nelson Mandela oder Mahatma Gandhi. Und wenn Sie dafür Fähigkeiten ausbilden und als innere Haltung ausbauen, können Sie auch mehr als nur zeitweise gut sein. Wenn Sie darauf aber keinen Wert legen, handeln Sie böse oder in Grauzonen und sind in einer gewissen Nähe zu Leuten wie Eichmann oder Hitler. Denn dann zementieren Sie Ihren Ich-sagenden Teil und lösen sich nicht von ihm. Statt in Absichtslosigkeit zu sein, bevorzugen Sie dann ein Leben, in dem Sie in Wahlfreiheit anderen Ihren Willen aufdrängen und Konkretes durch Abstraktes ersetzen.

Ich will aber nochmals betonen: Lassen Sie sich nicht durch die Striktheit der Formulierungen vor allem in den ersten beiden Teilen davon abbringen, Schritt für Schritt in Ihrem Kontext diese Angelegenheit anzugehen. Denn auch wenn Sie es nicht schaffen, wie die wenigen innerhalb der großen Weltreligionen, sich vom Ego ganz zu lösen, so zeigt z. B. eine Orientierung an den vier Kardinaltugenden einen für jeden gangbaren Weg, das Gutsein besser auszubilden.

Ich wünsche Ihnen darum viel Erfolg und Freude bei der Umsetzung dessen in Ihrem alltäglichen Leben.

Anmerkungen

[1] Siehe im Alten Testament: 1 Mose (Genesis) 3, 1–24.
[2] Siehe im Alten Testament: 2 Mose (Exodus) 20, 1–17.
[3] Siehe Platon: Sämtliche Dialoge. Hrsg. und übersetzt von Otto Appelt. Hamburg 1993.
[4] So gliedert Agathon in „Das Gastmahl" seinen Vortrag nach diesen vier Tugenden. Siehe Platon: Symposium (Das Gastmahl). In: Ebd. Band III. S. 34–38 (Stenius 194E–197E). Genaueres zu dieser Gliederung siehe in Pieper, Josef: Das Viergespann. Klugheit – Gerechtigkeit – Tapferkeit – Maß. Freiburg/Breisgau 1970. S. 9.
[5] Lorenz, Konrad: Das sogenannte Böse. Zur Naturgeschichte der Aggression. 4. Aufl. München 1976.
[6] Ebd. S. 7.
[7] Näheres zu Lorenz' Sicht des Bösen, den damit verbundenen Widersprüchen und zur Weiterentwicklung dieses Ansatzes in der Sozialbiologie in Pieper, Annemarie: Gut und Böse. 2. Aufl. München 2002. S. 19 ff.
[8] Fromm, Erich: Den Menschen verstehen. Psychoanalyse und Ethik. 6. Aufl. München 2004. Aus dem Englischen von Paul Stapf und Ignaz Mühsam. Überarbeitet von Rainer Funk.
[9] Ebd. S. 168.
[10] Ebd. S. 169.
[11] Skinner, Burrhus Frederic: Jenseits von Freiheit und Würde. Reinbek bei Hamburg 1973. Aus dem Amerikanischen von Edwin Ortmann.
Für Skinner sind Menschen darin nur Objekte bestimmter Konditionierungen der Umwelt. Dabei führen diese Konditionierungen nicht zu einem Lernen im Sinne eines mentalen Verarbeitens. Werte bzw. Wertvorstellungen – und damit auch das Gute und das Böse – sind für ihn nur Illusionen.
[12] Chomsky, Noam: Aus Staatsraison. Frankfurt/Main 1974. Aus dem Amerikanischen von Burkhart Kroeber. S. 44–103.
Chomsky macht darin deutlich, dass Skinner keine Beweise für seine Anschauung vorlegt. Vielmehr beruft sich Skinner ledig-

lich dogmatisch darauf, „was die Wissenschaft in ihrem unerbittlichen Fortschritt weiterhin entdecken muß" (ebd. S. 47). Mit anderen Worten: Skinner gelingt es in keiner Weise zu belegen, dass die Frage nach dem Guten und Bösen irrelevant ist.

[13] Siehe dazu Neiman, Susan: Das Böse denken. Eine andere Geschichte der Philosophie. Frankfurt/Main 2006. Und: Safranski, Rüdiger: Das Böse oder Das Drama der Freiheit. 4. Aufl. Frankfurt/Main 2001. Und: Pieper, Annemarie: Gut und Böse. Und: Ritter, Joachim u. a. (Hgg.): Historisches Wörterbuch der Philosophie. 13 Bände. Basel 1971–2007.

[14] Duden: Das Bedeutungswörterbuch. 3., neu bearbeitete und erweiterte Aufl. Hrsg. von der Dudenredaktion. Mannheim u. a. 2002. S. 447.

[15] Beck, Charlotte Joko: Zen im Alltag. München 1990. Aus dem Amerikanischen von Bettine Braun. S. 27 f.

[16] Damit ist in keinerlei Weise eine Art von empirischer Wahrnehmung gemeint, bei der ein Subjekt ein Objekt wahrnimmt. Vielmehr löst diese Art von Wahrnehmung die Subjekt-Objekt-Trennung auf. Denn es gibt in der Reinform dieser Wahrnehmung kein Subjekt (Ego) und kein Objekt. Beides gibt es nur im Urteilen. Im Prozess dieser Wahrnehmung besteht stattdessen ein Einssein mit dem Tun.

[17] Bei Eugen Herrigel können Sie den Weg zum Gutsein analog dazu für das Bogenschießen beschrieben finden, mit all seinen Rückschlägen im Zusammenhang mit Urteilen. Siehe *Herriegel, Eugen:* Zen und die Kunst des Bogenschießens. 24. Aufl. Bern 1985.

[18] In gewisser Weise radikalisiert man so seinerseits Montaignes Radikalisierung „Was weiß ich?" von Sokrates' Ausspruch „Ich weiß, dass ich nichts weiß". Denn es geht in diesem Erkennen überhaupt nicht mehr um ein bewusstes Wissen, sondern nur noch um ein praktiziertes intuitives Wissen, das sich im Akt des Tuns verwirklicht (siehe dazu Platon: Apologie. In: Ders.: Sämtliche Dialoge. Band II. Und: Montaigne, Michel de: Essais. Frankfurt/Main 1998. Aus dem Französischen von Hans Stilett).

[19] Wem diese Erklärung nicht genügt, der sei auf folgendes Buch verwiesen: Kastenbauer, Georg: Hinweise zum Glück. München 2001. Dort behandle ich diese Thematik S. 24 ff. ausführlich.

[20] Aristoteles: Nikomachische Ethik. Ergänzte Aufl. Stuttgart 1993. Aus dem Griechischen von Joseph Stinglmayer.

[21] Kant, Immanuel: Kritik der praktischen Vernunft. In: Ders.: Kritik der praktischen Vernunft. Grundlegung zur Metaphysik der Sitten. Hrsg. von Wilhelm Weischedel. Frankfurt/Main 1995. S. 140 (A54).

[22] Ebd. S. 210 (A155 f.).

[23] Genaueres dazu siehe in „Hinweise zum Glück" S. 42 ff.

[24] Husserl, Edmund: Logische Untersuchungen. 3 Bde. Tübingen 1980. Nachdruck der 2. Aufl. von 1913.

[25] Siehe z. B. Hawking, Stephen W.: Eine kurze Geschichte der Zeit. Reinbek bei Hamburg 1991. Aus dem Englischen von Hainer Kober unter fachlicher Beratung von Dr. Bernd Schmid. S. 75–85.

[26] Siehe z. B. Briggs, John, Peat F. David: Die Entdeckung des Chaos. Eine Reise durch die Chaos-Theorie. 8. Aufl. München 2003. Aus dem Amerikanischen von Carl Carius.

[27] Siehe z. B. Heidegger, Martin: Zur Sache des Denkens. Tübingen 1969.

[28] Hofstadter, Douglas R.: Gödel, Escher, Bach. Stuttgart 1985. Aus dem Amerikanischen von Philipp Wolff-Windegg und Hermann Feuersee. Unter Mitw. von Werner Alexi. S. 21.

[29] Gödel, Kurt: Über formal unentscheidbare Sätze der Principia Mathematica und verwandter Systeme. In: Monatshefte für Mathematik und Physik 38 (1931). S. 173–198.

[30] Als Kulturgemeinschaften gelten in diesem Buch staatenübergreifende Wertegemeinschaften, die ähnliche geschichtliche und sozioökonomische Voraussetzungen haben. Das bedeutet: In ihnen herrschen ähnliche politische, religiöse, soziale und ökonomische Lebensbedingungen. Z. B. ist die westliche Hemisphäre weitgehend durch Demokratie, spätkapitalistische Informationsgesellschaft, Kleinfamilien und aufgeklärtes Christentum geprägt. Dagegen ist die islamische Welt in vieler Hinsicht

durch Diktaturen (inkl. Monarchien und Gottesstaaten), Übergang von landwirtschaftlichen zu kapitalistischen Strukturen, Clanwesen und Islam geprägt. Allerdings gibt es dabei keine strikten Grenzen. Gerade im Zeichen der Globalisierung vermischen und überlappen sich diese Lebensbedingungen vielerorts mehr und mehr.

[31] Ich zitiere dazu aus Hildebrandt, Dieter: Pianoforte. Der Roman des Klaviers im 19. Jahrhundert. 3. Aufl. München 2002. S. 32 f. Hildebrandt beruft sich hinsichtlich dieser Überlieferung wiederum auf Wegeler, F. G. und Ries, Ferdinand: Biographische Notizen über Ludwig van Beethoven. Coblenz 1838. Alle von mir aufgeführten Zitate Hildebrandts sind daraus, und zwar S. 96 f., entnommen.

[32] Hildebrandt S. 30. Siehe zu Hildebrandts Zitaten die letzte Anm.

[33] Siehe dazu Gandhi, Mohandas Karachand: Eine Autobiographie oder Geschichte meiner Experimente mit der Wahrheit. Hrsg. von Rolf Hinder. 8. unveränderte Aufl. Gladenbach (Hessen) 2005. Nach der englischen Übersetzung aus dem Gujarati von Mahadev Desai. Und: Mandela, Nelson: Der lange Weg der Freiheit. Autobiographie. 4. Aufl. Frankfurt/Main 2000. Aus dem Englischen von Günter Panske.

[34] Das steht auch damit in Beziehung, dass hier weder von einem von Taten losgelösten Gutsein oder Bösesein noch von einem schlechthin Guten oder Bösen ausgegangen wird. Siehe dazu die Punkte 1.2 und 2.2.

[35] Hoffmann, Klaus: Wenn ich sing. Tschangzongs, vastehste? Lieder und Texte. Reinbek bei Hamburg 1986. S. 106–108.

[36] Dieser Teil reicht bis „und warst minutenlang du". Auf der reinen Inhaltsebene wird im ersten Teil des Textes weitgehend eine Reise nach Afghanistan verarbeitet (siehe dazu auch Hoffmann, Klaus: Afghana. München 2002) und im zweiten Teil die Bedeutung, die das Singen hat.

[37] Um platte Gleichsetzungen zwischen Autor und Sprechinstanz in einem Text zu vermeiden, benutze ich ausschließlich die neutrale Formulierung „Sprechinstanz".

[38] Die musikalische Darbietung intensiviert das sehr gut. Darum empfehle ich ausdrücklich, sich dieses Lied aus dem Album „Westend" von Klaus Hoffmann einmal anzuhören.
[39] Wobei die letzte Zeile des ersten Teils „und warst minutenlang du", schon darauf hinweist, dass durch diesen Sprung in den anderen Zustand nicht plötzlich das „du" verschwunden ist.
[40] Das darf allerdings nicht mit einer Erklärung verwechselt werden.
[41] Siehe Anm. 31.
[42] Siehe dazu Marcuse, Ludwig: Richard Wagner. Ein denkwürdiges Leben. 3. Aufl. Zürich 2002.
[43] Stassinopoulos Huffington, Arianna: Picasso. New York u. a. 1988. Oder: Mailer, Norman: Picasso. Portrait des Künstlers als junger Mann. Eine interpretierende Biographie. München 1996. Aus dem Amerikanischen von Klaus Fritz und Renate Weitbrecht.
[44] Duden. Das Bedeutungswörterbuch. S. 229.
[45] Evtl. kann auch noch „2. a) ungezogen" als Gegenpol zur im ersten Teil herausgearbeiteten Bedeutung von „gut" betrachtet werden.
[46] Duden: Herkunftswörterbuch. Etymologie der deutschen Sprache. 3., völlig neu bearbeitete und erweiterte Aufl. Hrsg. von der Dudenredaktion. Mannheim u. a. 2001. S. 107.
[47] Siehe dazu die in Anm. 13 erwähnten Bücher. Sowie: Schelling, Friedrich Wilhelm Joseph: Über das Wesen der menschlichen Freiheit. Stuttgart 1983. Und: Heidegger, Martin: Schellings Abhandlung Über das Wesen der menschlichen Freiheit. Hrsg. von Hildegard Feick. Tübingen 1971. Und: Sartre, Jean-Paul: Entwürfe für eine Moralphilosophie. Reinbek bei Hamburg 2005. Aus dem Französischen von Hans Schöneberg.
[48] Da sich diese Kriterien nicht von den geschichtlichen und soziokulturellen Voraussetzungen des Böseseins trennen lassen, werden – anders als im ersten Teil – diese Voraussetzungen zusammen mit den Kriterien für das Bösesein besprochen.
[49] Dies hängt immer von den Voraussetzungen ab, die man als

Basis für menschliches Verhalten annimmt. Ein Materialist, der nur biologische Gesichtspunkte gelten lässt, wird Willensfreiheit verneinen. Ein Humanist, für den Menschen unabhängig von biologischen Gegebenheiten handeln können, wird die Willensfreiheit bejahen. Siehe dazu die in der Einleitung besprochenen Ansätze von Lorenz, Fromm und Skinner sowie einen Artikel zu einer in letzter Zeit darüber ausgebrochenen Debatte: Schulte von Drach, Marcus C.: Der freie Wille ist nur ein gutes Gefühl. Interview mit Wolf Singer. In: Süddeutsche Zeitung. Internet-Website vom 25.4.2006/15.33 Uhr.

[50] Damit treffe ich lediglich eine pragmatische Unterscheidung, auf der die weitere Argumentation in diesem Buch aufgebaut ist. Abschließendes kann ich naturgemäß nichts zu dieser Thematik ausführen.

[51] Siehe Wilber, Ken: Eine kurze Geschichte des Kosmos. Frankfurt/Main 1997. Aus dem Amerikanischen von Clemens Wilhelm. S. 228 ff. und S. 238 ff.

[52] Siehe dazu Punkt 2.3.

[53] Siehe dazu Ken Wilbers Auseinandersetzung mit diesem Problem in: Wilber, Ken: Eine kurze Geschichte des Kosmos. S. 415 ff.

[54] Natürlich gibt es hier in neonazistischen oder stark konservativen Bevölkerungsschichten Ausnahmen.

[55] Belege dafür sind u. a. die Holocaust-Leugnung der derzeitigen iranischen Regierung, speziell von Präsident Ahmadinedschad (siehe in: Heinrich Böll Stiftung (Hg.): Iran Report 02/2006. Berlin 2006).

[56] Hitler und die Seinen nahmen dabei nicht wahr, dass in Europa seit der Völkerwanderung – trotz vieler Kriege – keine Kämpfe um Lebensraum mehr geführt worden waren. Denn es wurden seither bis auf wenige Ausnahmen keine Völker mehr vertrieben, auch wenn deren Siedlungsgebiete erobert und in andere Staaten einverleibt wurden. Erst der Zweite Weltkrieg führte in Europa wieder zu Völkervertreibungen in großem Maßstab.

Darüber hinaus beruht die Bedeutung von Lebensraum auf ackerbaulichen Vorstellungen und ist seit Ende des 18. Jahrhunderts durch die industrielle Revolution stark zurückgedrängt worden. Schließlich hat das Judentum „überhaupt keine gemeinsamen Ziele. Im Gegenteil, es war gerade zu Hitlers Zeiten so zerrissen und in seinen Tendenzen so vielfach in sich gespalten wie nie zuvor in seiner dreitausendjährigen Geschichte: zwischen überlieferter Religiosität und moderner Säkularisierung, zwischen Assimilation und Zionismus, zwischen Nationalismus und Internationalismus – nicht zu reden davon, dass alle großen Parteiungen und Spaltungen der Welt auch mitten durch das Judentum gingen, das ja seit der bürgerlichen Emanzipationen der Juden ganz anders als vorher in die Welt integriert war." (Haffner, Sebastian: Anmerkungen zu Hitler. 7. Aufl. München 1978. S. 122. Ansonsten S. 100–122.)

[57] Siehe Arendt, Hannah: Eichmann in Jerusalem. 9. Aufl. München 1999. Aus dem Amerikanischen von Brigitte Granzow. S. 173 ff.

[58] Jürgen Habermas hat diese Gleichsetzung 1986 im so genannten *Historikerstreit* Ernst Nolte, Andreas Hillgruber, Michael Stürmer und Klaus Hildebrand vorgeworfen. Sie hätten die Vernichtung der Juden im Dritten Reich durch diese historische Einordnung banalisiert, um dem damaligen westdeutschen Staat eine rechtsgerichtete nationale Identität zu geben. In den Jahren 1986 und 1987 entbrannte dadurch eine in Feuilletons und Fachzeitschriften heftig geführte Debatte (siehe Wehler, Hans-Ulrich: Entsorgung der deutschen Vergangenheit? Ein polemischer Essay zum „Historikerstreit". München 1988. Und: Schneider, Michael: „Volkspädagogik" von rechts. Ernst Nolte, die Bemühungen um die „Historisierung" des Nationalsozialismus und die „selbstbewußte Nation". Bonn 1995).

[59] Einen Hinweis, den vor allem auch Steuerhinterzieher vorbringen können, die mit ihrer Tat konkret gegen den abstrakten Staat handeln.

[60] Thomas Mann tut dies in einem 1938 erstveröffentlichten Essay mit dem Titel „Bruder Hitler". (Mann, Thomas: Bruder

Hitler. In: Ders.: Gesammelte Werke in dreizehn Bänden. Band 12. 2. Aufl. Frankfurt 1974. S. 845–852) Der Mann-Biograph Hermann Kurzke konstatiert dazu: Thomas Mann will darin „nicht hassen, sondern verstehen" (Kurzke, Hermann: Thomas Mann. Das Leben als Kunstwerk. Frankfurt/Main 2001. S. 451). Und weiter: „Er erkennt ein faschistisches Potential in sich selbst, in den Vereinfachungssehnsüchten und geistfeindlichen Neigungen seines Frühwerks" (S. 453).

[61] Dieser Ausspruch entstammt der fünfzehnten Szene des Films „Chinatown" (Deutsche DVD-Fassung des amerikanischen Originals. Unterföhring bei München 2005 [Paramount Home Entertainment (Germany) GmbH]. Minute 118/Sekunden 5–12). So äußert sich die Figur des reichen Cross (Schauspieler: John Huston) im Gespräch mit dem Detektiv Gittes (Schauspieler: Jack Nicholson). Dabei bezieht sich Cross auf den sexuellen Missbrauch der eigenen Tochter, durch den er eine mittlerweile heranwachsende Tochter gezeugt hat.

In Zusammenhang mit dieser Aussage ist auch an das berühmte Milgram-Experiment zu erinnern. In dem erstmals 1962 vorgenommenen Experiment des amerikanischen Psychologen Milgram wird untersucht, inwieweit durchschnittliche Menschen im Widerspruch zu ihrem Gewissen unter Gehorsamsdruck andere Menschen quälen. Der Ablauf der Untersuchung wurde dabei so inszeniert, dass sich freiwillige Versuchspersonen in die Rolle eines Lehrers begeben, die vermeintlichen Schülern bei Fehlern im Zusammenfügen von Wortpaaren jeweils einen elektrischen Schlag versetzen sollen. Nach jedem Fehler wurde die Stromspannung um 15 Volt erhöht. In Wirklichkeit, was die Versuchspersonen jedoch nicht wussten, war der Schüler ein Schauspieler, der nur spielte, elektrische Schläge zu empfangen. Die Reaktionen des Schülers fielen dabei nach einem vorher festgelegten Schema aus, das abhängig von der Spannung war. Insgesamt tat so der Schüler auf immer dramatischere Weise seine Schmerzen kund. Der dabei sitzende Experimentator forderte aber gleichzeitig mit vorher festgelegten Sätzen die Versuchsperson auf, dass der Versuch fortgesetzt werden müsse, weil er wissenschaftlich sehr nützlich wäre. In der ersten Durchführung des Versuchs waren von 40 Personen 26 bereit, bis zur Höchstgrenze zu gehen. Sie „bestraften" den vermeintlichen Schüler bis zu einem Stromstoß von 450 Volt. Jedoch waren viele dabei in einem großen Gewissenskonflikt. Trotzdem brach kein „Lehrer" die „Bestrafung" ab, bevor 300 Volt erreicht waren. In späteren Untersuchungen stellte sich u. a. heraus, dass die maximale Stromstoßgabe jeweils vom direkten Kontakt der Versuchsperson zum Schüler bzw. zum Experimentator abhängt, allerdings in umgekehrtem Verhältnis. Je näher die Versuchsperson das vermeintliche Leiden des Schülers mitbekam und je entfernter die Anweisungen des Experimentators gegeben wurden, z. B. nur durch Telefon oder Tonband, umso geringer fiel die maximale Stromstoßabgabe aus.

Es zeigte sich insgesamt kein signifikanter Unterschied zwischen männlichen und weiblichen Versuchspersonen, und auch nicht zwischen verschiedenen ethnischen oder nationalen Gruppen.

Der Versuch ist sehr umstritten und würde heutzutage aus ethischen Gründen kaum mehr durchgeführt werden. Erstens werden in ihm die Versuchspersonen über den wahren Zweck getäuscht, und zweitens werden sie einem starken Gewissensdruck ausgesetzt. Was das Milgram-Experiment darüber hinaus noch etwas zweifelhaft erscheinen lässt, ist die Tatsache, dass es ungeklärt ist, inwieweit es vom Militär bzw. Geheimdienst beauftragt und gesponsert wurde. Trotzdem zeigt es sehr anschaulich, wie durchschnittliche Bürger – egal welchen Geschlechts, welcher Ethnie oder welcher Nation – unter Gehorsamsdruck nicht für möglich gehaltene Grausamkeiten an anderen Menschen verüben können. Literaturhinweise: Milgram, Stanley: Obedience to Authority. An Experimental View. New York 1974. Und: McCoy, Alfred W.: Foltern und Foltern lassen. 50 Jahre Folterforschung und -praxis von CIA und US-Militär. Frankfurt/Main 2005. S.44–47. Aus dem Amerikanischen von Ulrike Bischoff.
[62] Benoit, Hubert: Die hohe Lehre. München 1958. Aus dem Französischen von Marcella Roddewig und Inge Vielhauer (Bearbeitung von Erwin Reinisch).

[63] Um einem Missverständnis vorzubeugen: Dieser Erklärungsversuch, der das Bösesein als strukturelles Problem des Ichsagenden Wesen beschreibt, ist in keiner Weise eine Entschuldigung für böse Taten. Denn dieser Erklärungsversuch hebt nicht die drei dargestellten Kriterien für das Bösesein auf. Er stellt sie nur in einen größeren Zusammenhang. Das bedeutet: Er gibt statt einer objektiven oder subjektiven (oder intersubjektiven) Darstellung eine Orientierungshilfe, die jeder in seinem Versuch der Wahrnehmung der Phänomene des Gut- und Böseseins im Hier und Jetzt benutzen kann.

[64] Siehe Punkt 1.4.

[65] Junge, Traudl: Bis zur letzten Stunde. Hitlers Sekretärin erzählt ihr Leben. München 2004. S. 233.

[66] Siehe dazu das Kapitel „Das granitene Fundament" in: Fest, Joachim: Hitler. Eine Biographie. 8. Aufl. Berlin 2006. S. 71–102. Im Einzelnen passierte damals Folgendes: Einerseits wohnte Hitler in bedrückenden materiellen Verhältnissen in Obdachlosen-Asylen und Männerwohnheimen, in denen er das Vielvölkerkonglomerat der damaligen österreichischen Donaumonarchie mit seinen vielen Spannungen hautnah miterlebte (ebd. S. 82 ff.). Dies verstärkte vor allem seine Vorurteile gegen andere Volksgruppen. Andererseits wurde er damals vor allem von Wiener Lokalgrößen in seiner politischen Anschauung geprägt: So von Karl Lueger, dem langjährigen Bürgermeister Wiens, in der Bedeutung von massenwirksamen Auftritten (ebd. S. 79 f.) sowie von Jörg Lanz von Liebenfels, einem Publizisten, und von Georg Ritter von Schönerer, dem Begründer und Führer der Alldeutschen Bewegung, in der deutschnationalen und antisemitischen Gesinnung (ebd. S. 71 f. und S. 77 ff.).

[67] Siehe ebd. S. 187 f. oder S. 198 f. oder S. 200 ff.

[68] So wurde Hitler 1921 zuerst zum diktatorischen Führer der NSDAP (ebd. S. 220), der paramilitärische Untergruppen auf Andersdenkende einprügeln ließ (z. B. ebd. S. 207). 1923 versuchte er einen militärischen Staatsputsch (ebd. 276–302). Ab 1933 wurde er in mehreren Schritten zum Diktator im Deutschen Reich (ebd. S. 555–688). In dieser Position ging er einerseits

innenpolitisch rigoros gegen Andersdenkende und ideologisch unliebsame Menschen vor (ebd. S. 689–817). Andererseits versuchte er zuerst mit politischen (ebd.) und ab September 1939 mit militärischen Mitteln, das Staatsgebiet des Deutschen Reiches immer mehr auszudehnen (ebd. S. 818–984).

[69] Laut Putzger starben in Europa im bzw. durch den Zweiten Weltkrieg 39,41 Millionen Menschen. In Asien sollen es 15,69 Millionen gewesen sein. Siehe Putzger, F. W.: Historischer Weltatlas. Bielefeld u. a. 1969.

[70] Allerdings stellt sich die Frage, ob man es begrüßen sollte, wenn dieser Sprachgebrauch wieder aktualisiert würde. Denn es besteht die Gefahr, dass man dann Fähigkeiten mit einer *bestimmten* moralischen Vorstellung verbindet, z. B. der kirchlich-katholischen oder -evangelischen. Dies impliziert nämlich meine Untersuchung gerade nicht. Vielleicht hat sich nach dem Mittelalter gerade der Sprachgebrauch beim Begriff „böse" so herausgebildet, um Fähigkeiten und die damaligen dogmatischen christlichen Moralvorstellungen getrennt zu sehen.

[71] Freud, Sigmund: Gesammelte Werke. Bd. 15. Neue Folge der Vorlesung zur Einführung in die Psychoanalyse (31. Vorlesung). Hrsg. Von Anna Freud u. a. 6. Aufl. Frankfurt/Main 1973. S. 86.

[72] Zitiert nach Lavater, Johann Caspar: Physiognomische Fragmente. Band II. Leipzig und Winterthur 1776 (Nachdruck von 1968). S. 64.

[73] Eine gute Darstellung dazu findet sich in: Neumann, Gerhard: „Rede, damit ich dich sehe". Das neuzeitliche Ich und der physiognomische Blick. In: Ulrich Fülleborn und Manfred Engel (Hgg.): Das neuzeitliche Ich in der Literatur des 18. und 20. Jahrhunderts. Zur Dialektik der Moderne. Ein internationales Symposium. München 1988. S. 71 – 108.

[74] Ähnliches gilt für Thomas Mann in seiner Auseinandersetzung seiner Nähe zu Hitler in „Bruder Hitler" (siehe Anm. 60).

[75] Der achtfache Pfad besteht aus rechtem Erkennen, rechter Gesinnung, rechtem Sprechen, rechtem Handeln, rechtem Broterwerb, rechter Bemühung, rechter Achtsamkeit und rechter

Versenkung (siehe dazu: Notz, Klaus-Josef: Lexikon des Buddhismus. Wiesbaden 2002. S. 32 f.).
[76] Siehe dazu z. B. Fischer, Theo: Wu wei. Die Lebenskunst des Tao. Reinbek bei Hamburg 1992.
[77] Siehe dazu z. B. Wehr, Gerhard: Europäische Mystik. Eine Einführung. Wiesbaden o. J. Und: Frembgen, Jürgen Wasim: Reise zu Gott. Sufis und Derwische im Islam. München 2000.
[78] Siehe Heidegger, Martin: Die Grundbegriffe der Metaphysik. Welt – Endlichkeit – Einsamkeit. 2. Aufl. Hrsg. von Friedrich-Wilhelm von Herrmann. Gesamtausgabe Bände 29/30. Frankfurt/Main 1992. S. 111–249.
[79] Kleist, Heinrich von: Über die allmähliche Verfertigung der Gedanken beim Reden. In: Ders.: Werke und Briefe in vier Bänden. Hrsg. von Siegfried Streller in Zusammenarbeit mit Peter Goldammer u. a. Berlin und Weimar 1978. 453–458.
[80] Ebd. 454 f. Kleist mutmaßt darauf sogar noch, dass es vielleicht nur eine unscheinbare Kleinigkeit war, die den Verlauf des Gesprächs entscheidend beeinflusst hat und Mirabeau zu seiner Entgegnung bewogen hat: „daß es auf diese Art zuletzt das Zucken einer Oberlippe [des Zeremonienmeisters; G. K.] war, oder ein zweideutiges Spiel an der Manschette, was in Frankreich den Umsturz der Ordnung der Dinge bewirkte" (ebd. S. 455).
[81] Ebd. S. 457.
[82] Siehe dazu z. B. in Brock, Bazon: Ästhetik als Vermittlung. Arbeitsbiographie eines Generalisten (1958–1977). Köln 1977. Oder in: Ders.: Re-Dekade. Kunst und Kultur der 80er Jahre. München 1990.
[83] Westbam/Rainald Goetz: Mix, Cuts & Sratches. Berlin 1997.
[84] Diese Anschauung darf jedoch nicht mit der oben dargelegten Ansicht von B. F. Skinner verwechselt werden. Denn diesen wenigen läge nichts ferner, als dass sie irgendeinen wissenschaftlichen Beweis für ihre Anschauung anbrächten. Sie wollen niemanden von ihrer Anschauung überzeugen. Für sie *ist* es einfach so. Darum spielt für diese wenigen auch Absichtslosigkeit eine große Rolle, jedoch in Zusammenhang mit dem Kon-

takt zur Stille. Genaueres siehe dazu u. a. in Troll, Pyar: Reise in Nichts. 3. Aufl. Bielefeld 2001.

[85] Schopenhauer, Arthur: Aphorismen zur Lebensweisheit. In: Ders.: Werke in fünf Bänden. Nach den Ausgaben letzter Hand hrsg. von Ludger Lütkehaus. Band IV. Zürich 1988. S. 311–483.

[86] Brantschen, Nikolaus: Vom Vorteil, gut zu sein. München 2005. Er ist dabei vom oben erwähnten Josef Pieper beeinflusst. Siehe Anm. 4.

Ein anderes lesenswertes Buch zu diesem Thema, das sich aber nur auf die letzte Tugend, das Maß, beschränkt, ist: Uffelmann, Peter u. von der Recke, Tobias: Das rechte Maß oder Die Kunst der Selbstbeschränkung. München 2004.

[87] Siehe dazu auch Foucault, Michel: Sexualität und Wahrheit. Erster Band: Der Wille zum Wissen. 11. Aufl. Frankfurt/Main 1999. Aus dem Französischen von Ulrich Raulff und Walter Seitter.

[88] Pieper, Josef: Das Viergespann. S. 94.

[89] Siehe dazu Gandhi, Mohandas Karachand: Eine Autobiographie oder Geschichte meiner Experimente mit der Wahrheit.

[90] Siehe Nicol, Mike u. a.: Mandela: The Authorized Portrait. Kansas City 2006.

[91] Michel Foucault konstituiert mit seinen letzten Veröffentlichungen doch wieder ein Subjekt (siehe vor allem Foucault, Michel: Sexualität und Wahrheit. Dritter Band: Die Sorge um sich. Frankfurt/Main 1986. Aus dem Französischen von Ulrich Raulff und Walter Seitter). Er beruft sich dabei auf die antike Lebenskunst. Es wäre genauer zu prüfen, inwieweit hier gangbare Ansatzpunkte formuliert werden.

[92] Man kann diese Vorgabe ja ganz wertfrei sehen und muss sie nicht in dem von Kant beschriebenen Kontext seines formalen Konzepts betrachten (siehe Punkt 1.2).

Bibliografie

Arendt, Hannah: Eichmann in Jerusalem. 9. Aufl. München 1999. Aus dem Amerikanischen von Brigitte Granzow.
Aristoteles: Nikomachische Ethik. Ergänzte Aufl. Stuttgart 1993. Aus dem Griechischen von Joseph Stinglmayer.
Brock, Bazon: Ästhetik als Vermittlung. Arbeitsbiographie eines Generalisten (1958–1977). Köln 1977.
Ders.: Re-Dekade. Kunst und Kultur der 80er Jahre. München 1990.
Beck, Charlotte Joko: Zen im Alltag. München 1990. Aus dem Amerikanischen von Bettine Braun.
Benoit, Hubert: Die hohe Lehre. München 1958. Aus dem Französischen von Marcella Roddewig und Inge Vielhauer (Bearbeitung von Erwin Reinisch).
Bibel. Einheitsübersetzung. Altes und Neues Testament. 9. Aufl. Freiburg 1999.
Brantschen, Nikolaus: Vom Vorteil, gut zu sein. München 2005.
Briggs, John und Peat F. David: Die Entdeckung des Chaos. Eine Reise durch die Chaos-Theorie. 8. Aufl. München 2003. Aus dem Amerikanischen von Carl Carius.
Chomsky, Noam: Aus Staatsraison. Frankfurt/Main 1974. Aus dem Amerikanischen von Burkhart Kroeber.
Duden: Das Bedeutungswörterbuch. 3., neu bearbeitete und erweiterte Aufl. Hrsg. von der Dudenredaktion. Mannheim u. a. 2002.
Ders.: Herkunftswörterbuch. Etymologie der deutschen Sprache. 3., völlig neu bearbeitete und erweiterte Aufl. Hrsg. von der Dudenredaktion. Mannheim u. a. 2001.
Fest, Joachim: Hitler. Eine Biographie. 8. Aufl. Berlin 2006.
Fischer, Theo: Wu wei. Die Lebenskunst des Tao. Reinbek bei Hamburg 1992.
Foucault, Michel: Sexualität und Wahrheit. 1. Band: Der Wille zum Wissen. 11. Aufl. Frankfurt/Main 1999. Aus dem Französischen von Ulrich Raulff und Walter Seitter.

Ders.: Sexualität und Wahrheit. 3. Band: Die Sorge um sich. Frankfurt/Main 1986. Aus dem Französischen von Ulrich Raulff und Walter Seitter.
Frembgen, Jürgen Wasim: Reise zu Gott. Sufis und Derwische im Islam. München 2000.
Freud, Sigmund: Gesammelte Werke. Bd. 15. Neue Folge der Vorlesung zur Einführung in die Psychoanalyse (31. Vorlesung). Hrsg. von Anna Freud u. a. 6. Aufl. Frankfurt/Main 1973.
Fromm, Erich: Den Menschen verstehen. Psychoanalyse und Ethik. 6. Aufl. München 2004. Aus dem Englischen von Paul Stapf und Ignaz Mühsam. Überarbeitet von Rainer Funk.
Gandhi, Mohandas Karachand: Eine Autobiographie oder Geschichte meiner Experimente mit der Wahrheit. Hrsg. von Rolf Hinder. 8. unveränderte Aufl. Gladenbach (Hessen) 2005. Nach der englischen Übersetzung aus dem Gujarati von Mahadev Desai.
Gödel, Kurt: Über formal unentscheidbare Sätze der Principia Mathematica und verwandter Systeme. In: Monatshefte für Mathematik und Physik 38 (1931). S. 173–198.
Haffner, Sebastian: Anmerkungen zu Hitler. 7. Aufl. München 1978.
Hawking, Stephen W.: Eine kurze Geschichte der Zeit. Reinbek bei Hamburg 1991. Aus dem Englischen von Hainer Kober unter fachlicher Beratung von Dr. Bernd Schmid.
Heidegger, Martin: Die Grundbegriffe der Metaphysik. Welt – Endlichkeit – Einsamkeit. 2. Aufl. Hrsg. von Friedrich-Wilhelm von Herrmann. Gesamtausgabe Bände 29/30. Frankfurt/Main 1992. S. 111–249.
Ders.: Schellings Abhandlung Über das Wesen der menschlichen Freiheit. Hrsg. von Hildegard Feick. Tübingen 1971.
Ders.: Zur Sache des Denkens. Tübingen 1969.
Heinrich Böll Stifung (Hg.): Iran Report 02/2006. Berlin 2006.
Herrigel, Eugen: Zen und die Kunst des Bogenschießens. 24. Aufl. Bern 1985.
Hildebrandt, Dieter: Pianoforte. Der Roman des Klaviers im 19. Jahrhundert. 3. Aufl. München 2002.

Hoffmann, Klaus: Afghana. München 2002.
Ders.: Wenn ich sing. Tschangzongs, vastehste? Lieder und Texte. Reinbek bei Hamburg 1986.
Hofstadter, Douglas R.: Gödel, Escher, Bach. Stuttgart 1985. Aus dem Amerikanischen von Philipp Wolff-Windegg und Hermann Feuersee. Unter Mitw. von Werner Alexi.
Husserl, Edmund: Logische Untersuchungen. 3 Bde. Tübingen 1980. Nachdruck der 2. Aufl. von 1913.
Junge, Traudl: Bis zur letzten Stunde. Hitlers Sekretärin erzählt ihr Leben. München 2004.
Kant, Immanuel: Kritik der praktischen Vernunft. In: Ders.: Kritik der praktischen Vernunft. Grundlegung zur Metaphysik der Sitten. Hrsg. von Wilhelm Weischedel. Frankfurt/Main 1995.
Kleist, Heinrich von: Werke und Briefe in vier Bänden. Hrsg. von Siegfried Streller in Zusammenarbeit mit Peter Goldammer u. a. Berlin und Weimar 1978.
Kastenbauer, Georg: Hinweise zum Glück. München 2001.
Kurzke, Hermann: Thomas Mann. Das Leben als Kunstwerk. Frankfurt/Main 2001.
Lavater, Johann Caspar: Physiognomische Fragmente. Band II. Leipzig und Winterthur 1776 (Nachdruck von 1968).
Lorenz, Konrad: Das sogenannte Böse. Zur Naturgeschichte der Aggression. 4. Aufl. München 1976.
Mailer, Norman: Picasso. Portrait des Künstlers als junger Mann. Eine interpretierende Biographie. München 1996. Aus dem Amerikanischen von Klaus Fritz und Renate Weitbrecht.
Mandela, Nelson: Der lange Weg der Freiheit. Autobiographie. 4. Aufl. Frankfurt/Main 2000. Aus dem Englischen von Günter Panske.
Mann, Thomas: Gesammelte Werke in dreizehn Bänden. Frankfurt 1990.
Marcuse, Ludwig: Richard Wagner. Ein denkwürdiges Leben. 3. Aufl. Zürich 2002.
McCoy, Alfred W.: Foltern und Foltern lassen. 50 Jahre Folter-

forschung und -praxis von CIA und US-Militär. Frankfurt/Main 2005. S. 44–47. Aus dem Amerikanischen von Ulrike Bischoff.
Milgram, Stanley: Obedience to Authority. An Experimental View. New York 1974.
Montaigne, Michel de: Essais. Frankfurt/Main 1998. Aus dem Französischen von Hans Stilett.
Neiman, Susan: Das Böse denken. Eine andere Geschichte der Philosophie. Frankfurt/Main 2006.
Neumann, Gerhard: „Rede, damit ich dich sehe". Das neuzeitliche Ich und der physiognomische Blick. In: Ulrich Fülleborn und Manfred Engel (Hgg.): Das neuzeitliche Ich in der Literatur des 18. und 20. Jahrhunderts. Zur Dialektik der Moderne. Ein internationales Symposium. München 1988. S. 71–108.
Nicol, Mike u. a.: Mandela: The Authorized Portrait. Kansas City 2006.
Notz, Klaus-Josef: Lexikon des Buddhismus. Wiesbaden 2002.
Pieper, Annemarie: Gut und Böse. 2. Aufl. München 2002.
Pieper, Josef: Das Viergespann. Klugheit – Gerechtigkeit – Tapferkeit – Maß. Freiburg/Breisgau 1970.
Platon: Sämtliche Dialoge. Hrsg. und übersetzt von Otto Appelt. Hamburg 1993.
Putzger, F. W.: Historischer Weltatlas. Bielefeld u. a. 1969.
Ritter, Joachim u. a. (Hgg.): Historisches Wörterbuch der Philosophie. 13 Bände. Basel 1971–2007.
Rubel, Maximilien: Josef W. Stalin. Mit Selbstzeugnissen und Bilddokumenten. 10. Aufl. Reinbek bei Hamburg 2003.
Safranski, Rüdiger: Das Böse oder Das Drama der Freiheit. 4. Aufl. Frankfurt/Main 2001.
Sartre, Jean-Paul: Entwürfe für eine Moralphilosophie. Reinbek bei Hamburg 2005. Aus dem Französischen von Hans Schöneberg.
Schelling, Friedrich Wilhelm Joseph: Über das Wesen der menschlichen Freiheit. Stuttgart 1983.
Schneider, Michael: „Volkspädagogik" von rechts. Ernst Nolte, die Bemühungen um die „Historisierung" des Nationalsozialismus und die „selbstbewußte Nation". Bonn 1995.

Schopenhauer, Arthur: Aphorismen zur Lebensweisheit. In: Ders.: Werke in fünf Bänden. Nach den Ausgaben letzter Hand hrsg. von Ludger Lütkehaus. Band IV. Zürich 1988. S. 311–483.
Schulte von Drach, Marcus C.: Der freie Wille ist nur ein gutes Gefühl. Interview mit Wolf Singer. In: Süddeutsche Zeitung. Internet-Website vom 25.4.2006/15.33 Uhr.
Skinner, Burrhus Frederic: Jenseits von Freiheit und Würde. Reinbek bei Hamburg 1973. Aus dem Amerikanischen von Edwin Ortmann.
Stassinopoulos Huffington, Arianna: Picasso. New York u. a. 1988.
Troll, Pyar: Reise ins Nichts. 3. Aufl. Bielefeld 2001.
Uffelmann, Peter und von der Recke, Tobias: Das rechte Maß oder Die Kunst der Selbstbeschränkung. München 2004.
Wegeler, F. G. und Ries, Ferdinand: Biographische Notizen über Ludwig van Beethoven. Coblenz 1838.
Wehler, Hans-Ulrich: Entsorgung der deutschen Vergangenheit? Ein polemischer Essay zum „Historikerstreit". München 1988.
Wehr, Gerhard: Europäische Mystik. Eine Einführung. Wiesbaden o. J.
Westbam und Goetz, Rainald: Mix, Cuts & Scratches. Berlin 1997.
Wilber, Ken: Eine kurze Geschichte des Kosmos. Frankfurt/Main 1997. Aus dem Amerikanischen von Clemens Wilhelm.
Wittgenstein, Ludwig: Werkausgabe in acht Bänden. Frankfurt/Main 1984.